Ilka Kirchhoff · Helmut Hanisch
Siegfried Macht · Claudia Leßelich

RELi+wir Werkbuch

Inhalte, Methoden, Ideen

Mit 48 Kopiervorlagen

Vandenhoeck & Ruprecht

Bibliografische Information der Deutschen Nationalbibliothek

Die Deutsche Nationalbibliothek verzeichnet diese Publikation in der
Deutschen Nationalbibliografie; detaillierte bibliografische Daten sind
im Internet über http://dnb.d-nb.de abrufbar.

ISBN 978-3-525-77300-0

© 2007, Vandenhoeck & Ruprecht GmbH & Co. KG, Göttingen / www.v-r.de
Alle Rechte vorbehalten. Das Werk und seine Teile sind urheberrechtlich geschützt. Jede Verwertung in anderen als den gesetzlich zugelassenen Fällen bedarf der vorherigen schriftlichen Einwilligung des Verlages. Hinweis zu § 52a UrhG: Weder das Werk noch seine Teile dürfen ohne vorherige schriftliche Einwilligung des Verlages öffentlich zugänglich gemacht werden. Das gilt auch bei einer entsprechenden Nutzung für Lehr- und Unterrichtszwecke.
Printed in Germany.
Druck und Bindung: Hubert und Co., Göttingen

Gedruckt auf alterungsbeständigem Papier.

Inhalt

Zum Konzept des Schülerbuchs 5
Didaktische Herausforderungen im RU 8
Innovative Methoden im RU 11

Die Schritte im Einzelnen

1 Neue Seiten aufschlagen	17	15 Im tiefen Tal	91
2 Zurechtfinden	22	16 Gott geht mit	95
3 Vertragen	26	17 P.S.: Ich lieb dich!	101
4 Arbeit und Ruhe	31	18 Geschwister!	105
5 Schale und Kern	37	19 Ich war fremd	109
6 Eier – Lebenszeichen	42	20 Warum rennen sie so?	113
7 Vatertag	48	21 Versprechungen	117
8 Heilige Zahlen	53	22 Worauf kann ich bauen?	122
9 Urlaubspost aus Istanbul	58	23 Welche sind die Guten?	127
10 Ich bin	63	24 Ein richtig gutes Ende	131
11 Ich bin gewollt	68	25 Lasst uns gruseln!	135
12 Ich bin gerufen	73	26 Alles auf Sieg gesetzt	142
13 Pack deine Sachen und geh	80	27 Der Fußballgott	147
14 Unterwegs	86	28 Durchs Feuer gehen	153

Die Kreuzungen

A: Jesus und Gott	159	E: Gott und das Land, das er liebt	163
B: Jesus und seine Umwelt	160	F: Wie Menschen mit Gott reden	164
C: Menschen, die Jesus begegnen	161	G: Gottes Reich und Menschenkirche	165
D: Gott und sein Ich-bin-Buch	162	H: Gottes Reich und unsere Welt	166

Die STOPPs

Wir und Jesus.... 168   Ich und Gott.... 170   Hier und bei Gott..... 172

Die Autorinnen und Autoren

Ilka Kirchhoff war als Dozentin am RPI Loccum für den Religionsunterricht in der Orientierungsstufe zuständig und hat anschließend sechs Jahre an Hauptschulen und Orientierungsstufen unterrichtet. Sie ist Fachseminarleiterin für Evangelische Religion und Englisch am Studienseminar Osnabrück für das Lehramt für Sonderpädagogik.

Dr. Helmut Hanisch ist Professor für evangelische Religionspädagogik an der Universität Leipzig. Neben einer Reihe religionspädagogischer Studien hat er zahlreiche Unterrichtsmaterialien für den Religionsunterricht der Sekundarstufe I verfasst.

Dr. Siegfried Macht war zehn Jahre lang Lehrer an einer Hauptschule sowie als Dozent am RPI Loccum zuständig für Hauptschulunterricht. Er ist Professor für Kirchenmusikpädagogik an der Hochschule für evangelische Kirchenmusik in Bayreuth.

Claudia Leßelich ist Fachseminarleiterin für evangelische Religionslehre am Studienseminar Düsseldorf (Lehramt an Grund-, Haupt-, Real-, Gesamtschule) und Lehrerin in einem Schulzentrum mit Haupt- und Realschule in Haan.

Zum Konzept des Schülerbuchs

Wahrnehmen und beschreiben, deuten und verstehen, gestalten und handeln, kommunizieren und urteilen, teilhaben und entscheiden – Schlüsselkompetenzen fördern am Gegenstand „Alltag, Spuren von Religion, gelebte und überlieferte Religion": Das interaktive Material „RELi + wir" bahnt vielgestaltige Wege zu einer überprüfbaren religiösen Bildung gemäß der aktuellen Kompetenzdebatte.

Was ist „RELi + wir"?

28 **Schritte** bieten eröffnende Materialien und dazu Impulse, die weiterführen. Alltagsthemen rund um Schule, Familie, Feste und Biografie münden in die Auseinandersetzung und Erschließung der drei Komponenten des RU: „Wir und Jesus", „Ich und Gott", „Hier und bei Gott".

38 **Treffpunkte** sind alphabetisch angeordnete Sachtexte, die altersgerecht und übersichtlich religiöse Inhalte erschließen – in ihrer Bedeutung und in ihrer Relevanz für die Gegenwart. Die Treffpunkte sind das Grundmaterial für viele Rechercheaufgaben, die sich aus den Schritten ergeben. Sie leiten die Schülerinnen und Schüler zu selbstständigem Arbeiten an und vermitteln Methodenkompetenz.

8 **Kreuzungen** bieten visuelle Zugänge zu den obligatorischen Sachthemen wie „Umwelt Jesu", „Bibel" oder „Kirche": eine anregende Grundlage für Gruppen-, Projekt- und Freiarbeit.

3 **STOPPS**, im Anschluss an die drei Komponenten „Wir und Jesus", „Ich und Gott", „Hier und bei Gott" platziert, präsentieren je zwölf Prüfungsaufgaben, mit denen die zwölf „grundlegenden Kompetenzen religiöser Bildung" nachgewiesen werden können, die dann erreicht sind. Die Aufgaben verstehen sich als ein Angebot, aus dem zu wählen ist.

Das Unterrichtswerk wird von dem hier vorliegenden **Werkbuch** begleitet: Kurze Einführungen in die Thematiken, Unterrichtsvorschläge und methodische Tipps erleichtern die nachhaltige Gestaltung des Religionsunterrichts. Zusätzliche Ideen aus der Praxis erweitern den unterrichtlichen Radius. Tabellen weisen die Kompetenzbezüge jedes Schritts auf, kopierfähige Vorlagen zur Ergebnissicherung und Selbstevaluation werden mitgeliefert.

Warum heißt das Buch „RELi + wir"?

Reli   So nennen die Schülerinnen und Schüler ihr Fach. Sie finden sich, ihren Alltag und ihre Umwelt in „RELi + wir" wieder – dazu Deuteangebote für viele Fremdheiten, die ihnen begegnen, wenn sie ihre Lebenswelt aufmerksam wahrnehmen.

RELi   Das sind die Anfangsbuchstaben von **R**iko, **E**rkan und **Li**sa. Diese drei tauchen in den einzelnen Schritte immer wieder auf. Sie sind wie die Schülerinnen und Schüler, die das Buch in die Hand nehmen: In kleinen Alltagsbegebenheiten schimmern Fragen durch, auf die religiöse Traditionen Antworten zu geben versuchen.

+ wir   Riko, Erkan und Lisa sind verschieden – wie die Kinder jeder Klasse: Riko mit seiner skeptischen Art; Lisa neugierig, offen; Erkan mit Wurzeln in einem anderen Land und einer anderen Religion. Die Episode zu Beginn jedes Schritts bietet Möglichkeiten zum Fragen, Berichten und Erzählen. Wir – alle, die mit „RELi + wir" arbeiten, gestalten unseren Religionsunterricht mit.

Wie finde ich, was ich suche?

Das Inhaltsverzeichnis weist jeden Schritt dreimal aus: mit seinem lebensweltlichen Zugang, dem biblisch-theologischen Deutepotenzial, das dabei in den Blick kommt, sowie mit einem Stichwort zum „Stoff". Konsequent an der Lebenswelt der Schülerinnen und Schüler orientiert, ist für „RELi + wir" die Frage nach den Inhalten des Fachs eine zweite und bedingte. Lehrerinnen und Lehrern ermöglicht die dreidimensionale Gestalt des Inhaltsverzeichnisses, zielsicher auszuwählen, sei es von links nach rechts, sei es von rechts nach links. Dabei sind die Schritte unabhängig voneinander, so dass die vorgegebene Reihenfolge zwar eine sinnvolle, keineswegs aber die einzig mögliche ist.

Wie unterrichte ich mit „RELi + wir"?

Das Buch trägt der Tatsache Rechnung, dass eine große Bandbreite unterschiedlich zusammengesetzter, unterschiedlich geprägter Gruppen und Individuen mit ihm arbeiten werden. Entsprechend offen ist das Arrangement in den Schritten: Jede Seite hat ihr eigenes Einstiegsmaterial und macht eine sorgfältig zusammengestellte Reihe von Arbeitsvorschlägen. Rubriken wie „Deuten", „Klären", „Gestalten" signalisieren dabei den Kompetenzbezug. Die Form der Aufgabenstellung verweist auf die unterschiedlichen Sozialformen. Methodisch ist Vielfalt möglich – die Lehrkraft entscheidet nach Gruppe und didaktischer Absicht, ebenso wie sie in der Regel auch die Auswahl der Aufgaben übernimmt. Hinweise auf **Treffpunkte** eröffnen ebenfalls vielfältige methodische Möglichkeiten: Die Bearbeitung kann in Einzel-, Partner-, Gruppenarbeit, als Hausaufgabe oder Referat geschehen, eingebunden in die Unterrichtseinheit, einführend oder zum Schluss. Darüber hinaus sind die Treffpunkte wie ein Nachschlagewerk zu verwenden. Noch freier verfügbar sind die **Kreuzungen** – als selbstständige Einheiten, alternativ zum gewohnten Vorgehen im Buch, einladend zu projekt- und handlungsorientiertem Lernen.

„RELi + wir" und Kompetenzen

Wie für jedes Unterrichtsfach, so hat sich auch für den Religionsunterricht in den letzten Jahren die Denkrichtung geändert: Es geht nicht mehr rückwärts gewandt um Lernziele (Schülerinnen und Schüler haben … kennengelernt, erfahren, diskutiert usw.), sondern nach vorne gerichtet um Kompetenzen: In welchen Techniken, Verhaltens- und Sichtweisen sind die Schülerinnen und Schüler nach der unterrichtlichen Beschäftigung mit bestimmten Inhalten kompetenter als vorher?

Dabei behalten die Inhalte ihre eigenständige Berechtigung: Erfolgreich kommunizieren, sachgerecht urteilen, sich sinnvoll orientieren und beteiligen kann ein Kind nur, wenn es die Welt, in der es sich bewegt, inhaltlich fasst und begreift. Es geht um inhaltliche Dimensionen des Lebens, die außerhalb der Schule Bestand haben. Religion ist eine dieser Dimensionen: Es ist wichtig, Kindern den Sinn des Lebens anhand von Sprache und Bildern nahe zu bringen, die schon viel länger Bestand haben als die aktuelle politische Krise, die aktuelle PC-Software oder die neueste Handy-Technologie.

Eine Expertengruppe am Comenius-Institut Münster[1] hat auf der Basis der fünf Schlüsselkompetenzen jeder Bildung – Wahrnehmen, Deuten, Gestalten, Kommunizieren, Teilnehmen – zwölf spezifische Kompetenzen religiöser Bildung definiert und Modellaufgaben entwickelt, die Schülerinnen und Schüler am Ende der Sekundarstufe I lösen können sollten. Diese Fragestellungen und Erwartungshorizonte bilden einen gemeinsamen Nenner für die vielgestaltigen Vorgaben der Bildungspläne und curricularen Vorgaben der Bundesländer. Insofern dienen sie für „RELi + wir" als Richtschnur (**STOPPs**).

Damit die Schülerinnen und Schüler selbst aktiv ihren Lernprozess mitvollziehen, geben zudem Hinweise auf der ersten Seite jedes Schritts eine Zusammenfassung dessen, was da auf sie zukommt.

---

[1] Dietlind Fischer/Volker Elsenbast (Redaktion), Grundlegende Kompetenzen religiöser Bildung, Comenius Institut Münster 2006

Didaktische Herausforderungen im RU an Haupt-, Gesamt-, Realschulen

Jörg ist fünfundzwanzig. Seit einem Jahr lebt er mit Elke zusammen. Mit Elke ist auch Elkes Sohn aus einer anderen Beziehung mit in die Wohnung eingezogen. Yannick ist sechs und weiß zurzeit nicht recht, wohin er gehört. „Im Prinzip habe ich nichts gegen den Kleinen", sagt Jörg. Aber er gibt zu, dass er von Kindern keine Ahnung hat. Ahnung hat Jörg von seiner Arbeit. „Das ist meine Welt", sagt er und spricht von den Labyrinthen der Kanalisation. Jörg ist bei den Stadtwerken. „Da könnte ich Sachen erzählen …", sagt er. Und tut es. Nächtelang, wenn einer zuhört.

Anne ist zwanzig und sagt: „Ich hab's verpfuscht." Irgendwann mit vierzehn hat sie nur noch Ritchie gelten lassen, den Star des Football-Teams. „Der weiß nicht viel – doch was er alles kann!", hat sie den Eltern als einzige Erklärung dafür gegeben, dass sie mit null Einsatz in der Schule immer schwächer wurde. Runter vom Gymnasium, die Realschule wollte Anne nicht aufnehmen. Hauptschule, schlechter Abschluss. Was kann sie nun alles … *nicht* werden! Mit Ritchi ist es lange aus. „Das war's, Anne", sagt sie. „Aber eigentlich bin ich noch jung."

Matze, 28, sagt: „Das Beste an der Arbeit ist der Feierabend." Kein Wunder, denn er musste nehmen, was er kriegen konnte. Sein Traumjob ist es nicht. Der Feierabend aber und die Wochenenden gehören ihm und seinen Kickern. Matze trainiert im Fußballclub die Kindermannschaft und letztes Wochenende haben sie die Meisterschaft gewonnen. „Harte Arbeit", sagt er. „Mach mal aus einem Haufen Bolzplatzhelden ein Team, das fest zusammensteht!" In der Zeitung liest er nur die Sportberichte. „Da kenn ich mich aus", sagt er. „Politik und so, tja, weißt du … das ist für Hellere als mich."

Die Kurzporträts geben einen Rahmen vor. Dabei ist es Absicht, dass relativ unspektakuläre Typen ausgewählt werden. Ein Schulbuch im Kontext Haupt-, Gesamt-, Realschule muss bei allem Problembewusstsein für die Vielfalt der Härtefälle zunächst ein „Mittelfeld" in den Blick nehmen. An den Lebensgeschichten zeigen sich Chancen, Risiken und Charakteristika. Und immer geht es um die Fragen: Wie stehe ich zu mir? Wie offen bin ich für andere? Wie finde ich „mein Ding"? Wie weit oder wie eng ist mein Horizont?

Zugleich und zuerst: Kein Schulabschluss garantiert Erfüllung und keiner schließt sie aus. „Kanalarbeiter" mag in manchen Kreisen als Schimpfwort gelten – für Jörg bedeutet es den Eintritt in ein Wunderland. Im Sport sind Bildungsgrenzen aufgehoben – da zählt das Können, Ausdauer, Geschick – und Teamgeist, betont Matze.

Gefahr besteht, wo ich mich selbst beschränke, wie etwa Anne einem Vorbild folgt, das für sich selbst gut passt, nicht aber auch für Anne. Oder wenn ich allzu einseitig das tue, was ich kann, und alles andere nicht wenigstens zur Kenntnis nehme.

Im Zwischenmenschlichen kann es geschehen, dass Schweigen leichter fällt als Auseinandersetzen, dass Worte fehlen, Gesten missverstanden werden und dass das Trümmerfeld zerbrochener Beziehungen nicht aufgeräumt wird.

Es wird in der pädagogischen Arbeit mit Hauptschülerinnen und Hauptschülern darum gehen, ernst zu nehmen, dass für einen Hauptschulabsolventen nicht „alles" geht, und ihm nichts vorzumachen. Es geht darum, ihn nicht zu überfordern, ihn aber zu ermutigen, Wege und Ziele zu entdecken. Es muss schließlich darum gehen, die Grenzen, die er selber zieht, vorsichtig zu erweitern. Yannick braucht mehr als Wohnrecht bei dem Freund der Mutter und Fußballspieler gehen auch zur Wahl.

Nach Gott fragen – unter der Oberfläche

„Gott, warum?" – „Gott, wo warst du?" – „Wer ist schuld?" – „Diese Kinder könnten heute noch leben!" – „Ein neuer Gott am Fußballhimmel". So lauten Schlagzeilen der Boulevardpresse, „Aufreißer", die Käufer bewegen sollen – zum Kauf der Zeitschrift und darüber hinaus. Gott kommt vor – als der, den man fragt, den man um Hilfe ruft, den man zur Rechenschaft zieht, wenn Unheil geschieht. Gott ist eine Chiffre für alles, was gut und heil sein soll, ein oberster Schiedsrichter, die höchste Form der Steigerung, um Menschen buchstäblich in den Himmel zu heben.

Eine Redewendung also? Nein, doch mehr. Denn Fragen, die hinter diesen Floskeln stehen, brennen ungelöst auf allen Seelen: Unheil und Unrecht – warum geschehen sie? Die Frage des Bösen, die Frage der Schuld? Wird Schuld getragen, gesühnt, wo kann ich hin mit meiner Schuld? Und schließlich: Was ist die Perspektive meines Lebens? Muss ich „Gott" werden, und sei es nur im Fußball?

Sex, Sport und Stars – ein Blättern in „BILD" und Co. legt diese Lebensthemen nahe, und gibt damit auch die Fragen vor, um die sich eine elementare Erziehung (elementar im Sinn von: begreiflich anstatt intellektuell) kümmern muss:

> Ist es Sex, Sport, Spaß und Sensation? Was steckt womöglich dahinter, was ich nicht berühre, wenn ich auf Prahlereien und Rekorde schiele?

> Ist Sport genug zum Leben? Oder ist es eine Facette von vielen, die mein Leben bunt und sinnvoll machen?

> Sind Stars die richtigen Vorbilder im Guten und im Bösen? Wie ist die Welt – ein Wetteifern um Makellosigkeit, um Charisma und Medienrummel? Und: Was ist mit denen, die nicht mitkommen? Was ist – genau genommen – auch mit mir?

Die Frage der Offenheit und der Weite des Horizonts wurde schon gestellt. Im Kern geht es darum, Scheinwelten zu entlarven, ein Stück den Vorhang aufzuziehen und Sinn zu suchen, der sich nicht in Süchten findet. Auf dieser Suche ist Gott mehr als eine Chiffre. Im evangelischen Religionsunterricht ist er der Sinn schlechthin. Dem lebensweltlichen Erfahrungsüberschuss der Kinder und Jugendlichen wird ein Deuteangebot gemacht, spezifisch und klar, kritisch und befreiend.

Begreifen und benennen

Alltag, Probleme von Jugendlichen, Sinn – Eine Umfrage des Verlags unter Religionslehrkräften an Hauptschulen ergab ein klares Bild. Was für Jugendliche aller Schularten gilt, gilt hier in konzentrierter Form: Ansprechbar sind sie auf das, was sie kennen, was sie umtreibt und auf das, was sie als „spannend und vielversprechend anders" empfinden. Lebensweltliche Themen und Zugänge – und dann? Inszenierungen, kreative Impulse, Filme, offene Arbeitsformen, originelle Medien und Materialien, Gespräche im Sitzkreis – so das Tableau der Methoden, mit denen die befragten Lehrerinnen und Lehrer gute Erfahrungen gemacht haben.

Die aktuellen Bildungspläne setzen – vor dem Hintergrund der Bildungs- und Kompetenzdiskussion, die PISA ausgelöst hat – dagegen die Frage: Wozu? Mit welchem Ziel wird kreativ gestaltet, probiert, diskutiert und nachgespielt? Was haben die Schülerinnen und Schüler davon? Was können sie hinterher, was sie vorher nicht konnten? Dem begegnet man am besten mit einem doppelten Ziel, das dem ganzen RU und jeder einzelnen Stunde überprüfbar den Horizont setzt:

Formal geht es darum, über das Begreifen zum Benennen-Können zu gelangen. Denn nur, was er-fasst, er-spürt, er-fahren ist, ist mehr als Schall und Rauch. Es kann nur dann bewahrt, angeeignet – wirksam – werden, wenn es aufgerufen, herausgerufen, besprochen und weiterfabuliert werden kann. Die Kinder und Jugendlichen sollen Worte und Sprache finden können für Gott; für Klagen, Bitten, Dank an Gott. Und für ihr Miteinander.

Inhaltlich geht es um „Identität" und „Verständigung". Es geht darum, die spezifische Weltdeutung der biblisch-christlichen Überlieferung kennen und verstehen zu lernen, um darin Sinn zu entdecken und das Deuten zu probieren; zugleich geht es darum, auskunftsfähig zu sein gegenüber anderen und anders Glaubenden: Was ist christlich? Was nicht? Wo mag es Gemeinsamkeiten, wo Unterschiede geben?

Zupacken und zutrauen, nachdenken und nachhalten

Vom Schüler her ist im Dreischritt zu denken: wahrnehmen (Lebenswelt, Lebensfragen) – deuten (biblisch-christliche Deuteangebote) – gestalten (Kompetenzen und Horizonte). Der RU hat ein Angebot zu machen, das in die Lebenssituation der Schülerinnen und Schüler passt, und es gilt, einen Treffpunkt zu finden, an dem eine Begegnung dieser beiden Komponenten sinnvoll erscheint.

Dabei kommt es an auf überschaubare Texte, originelle und wertige Materialien, vor allem aber auf Impulse: Die Schülerinnen und Schüler werden als Suchende ernst genommen und herausgefordert, nach klar umrissenen Vorgaben ihre Suche selbst zu gestalten, spielerisch, kreativ, bewegt – aber niemals nur beschäftigt. Viele dieser Impulse sprengen den Rahmen dessen, was zwischen zwei Buchdeckel passt. Das ist angemessen, wenn wir berücksichtigen, das gerade Hauptschülerinnen und Schüler nicht so sehr text-, als vielmehr erlebnis- und erfahrungsorientiert lernen.

Innovative Methoden im RU

Schülerinnen und Schüler in inhomogenen Gruppen benötigen einen gut strukturierten, methodisch-didaktisch aufbereiteten Unterricht. Die im Folgenden beschriebenen Methoden eignen sich dazu, Lerninhalte für die unterschiedlichen Lerntypen erfahrbar zu machen. Sie ermöglichen ein ganzheitlich angelegtes Lernen mit „Kopf, Herz und Hand".

Solche Methoden tragen einerseits den Forderungen der Richtlinien und Lehrpläne nach Vermittlung von Schlüsselqualifikationen und Kompetenzen Rechnung, wie z.B. der Teamfähigkeit, entsprechen andererseits auch zutiefst christlichen Werten, wie z.B. der Empathiefähigkeit. Der Kanadier Norm Green hat hier mit seinem „Kooperativen Lernen" einen erfolgreichen Weg aufgezeigt, durch schüleraktivierende Methoden Lernchancen zu eröffnen (Norm Green/Kathy Green, Kooperatives Lernen).

Methoden, die dem Brainstorming, dem Zusammentragen erster Ideen, dienen

➢ Ideenpropeller

Auf ein Din-A3-Blatt werden für die 4 Mitglieder der Gruppe Ellipsen gezeichnet, die sich im Zentrum des Blattes überschneiden. In Einzelarbeit (EA) werden nun gleichzeitig von jedem Gruppenmitglied in seiner Ellipse Ideen gesammelt. In der zweiten Phase werden im Gespräch die Äußerungen miteinander verglichen. Gemeinsam einigen sich die Schülerinnen und Schüler auf die wichtigsten Begriffe.

➢ Platzdeckchen

Funktioniert wie der Ideenpropeller. Das Blatt wird hierbei in ein Quadrat im Zentrum und 4 Segmente außen unterteilt. Das Quadrat im Zentrum enthält die Essenz (die 3 bis 5 wichtigsten Ideen). Es kann ausgeschnitten werden und mit den anderen Ergebnissen an der Tafel der Visualisierung dienen. Die Nennungen können leicht verglichen werden; eine Rangliste der Mehrfachnennungen kann erstellt werden. Diese Hitliste setzt die Schwerpunkte für die Weiterarbeit.

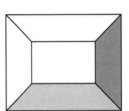

Methoden, die dem Austausch von Ideen dienen

➢ Ich – du – wir

In der ersten Phase schreibt jeder seine Ideen zu einer Aufgabe auf ein Blatt. In der zweiten Phase tauschen sich zwei Schüler/innen im Paar über ihre Ideen aus. In der dritten Phase besprechen zwei Paare als 4er-Gruppe ihre Arbeitsergebnisse. Im Plenum können anschließend die vorab besprochenen Lösungsvorschläge vorgetragen werden.

```
EA  EA  EA  EA
 ↘  ↙   ↘  ↙
   PA      PA
    ↘     ↙
        GA
```

➢ Geben und Nehmen

Schülerinnen und Schüler falten ein DIN-A4-Blatt, so dass 8 Kästchen entstehen. Zu einer Aufgabenstellung schreiben sie nun auf der linken Seite vier eigene Stichpunkte untereinander, je eines in ein Kästchen. In der folgenden Geben-Nehmen-Phase geben die Schüler einen ihrer Stichpunkte an einen anderen weiter und nehmen einen Stichpunkt auf. Beide Schüler tragen den fremden Stichpunkt auf der rechten Seite ihres Blattes ein. Diese Phase wird drei Mal wiederholt. Dies ermöglicht eine hohe Schüleraktivierung.

Mein Stichwort 1	Fremdes Stichwort 1
Mein Stichwort 2	Fremdes Stichwort 2
Mein Stichwort 3	Fremdes Stichwort 3
Mein Stichwort 4	Fremdes Stichwort 4

➢ Fischgräte

Hier können Ursachen und Wirkungen optisch in einen Zusammenhang gebracht werden. Als Kopf des Fisches ist das zentrale Problem bzw. die zentrale Aussage genannt. Entlang des Rückgrades werden nun die Fischgräten mit verschiedenen Ursachen beschriftet.

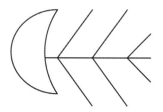

➢ Verschicke ein Problem

Es werden 4er-Gruppen gebildet. Jede/-r schreibt eine Fragestellung zum Thema auf ein DIN-A4-Blatt. Darunter werden 3 Antwortmöglichkeiten als Linien angedeutet. Im Uhrzeigersinn werden die Fragen nun weitergeben und jedes Teammitglied schreibt seine Lösungsmöglichkeit auf das Blatt. Drei Mal – bis das eigene Blatt mit drei Antworten wieder ankommt.

```
Frage: ............................
...................................
Antwort 1: .......................
...................................
Antwort 2: .......................
...................................
Antwort 3: .......................
...................................
```

Methoden zur Präsentation der Ergebnisse der Kleingruppenarbeit

➢ Drei gehen – einer bleibt

Eine 4er-Gruppe präsentiert ihre Arbeitsergebnisse, indem drei Schülerinnen und Schüler den Tisch verlassen und sich die Arbeitsergebnisse der anderen Gruppen erklären lassen. Ein Gruppenmitglied verbleibt am Tisch, um den hinzukommenden Schülerinnen und Schülern das Arbeitsergebnis zu erläutern. Durch ein akustisches Signal leitet die Lehrperson den erneuten Wechsel ein. Jetzt muss das nächste Gruppenmitglied die eigenen Ergebnisse erklären.

➢ Gruppenpuzzle

Das Thema wird in Unterthemen geteilt, welche von Kleingruppen bearbeitet werden. In der nächsten Phase wechseln Schülerinnen und Schüler der Stammgruppe je an einen fremden Tisch und lassen sich von einem dort verbliebenen Experten der Gruppe deren Ergebnisse präsentieren. In der dritten Phase kehren die Schülerinnen und Schüler in ihre Stammgruppe zurück. Jetzt erklärt jeder nacheinander (als neuer Experte für ein Teilthema) seinen Gruppenmitgliedern, was er an dem fremden Tisch erfahren hat.

Generell: Gruppenarbeit optimieren

In der alltäglichen Routine bietet es sich oftmals an, die Schülerinnen und Schüler mit ihren Tischnachbarn arbeiten zu lassen. Möglich ist auch ohne größeren Aufwand das Zusammenarbeiten mit der vorderen bzw. hinteren Tischreihe, in dem sich ein Schüler bzw. eine Schülerin einfach mit dem Stuhl umdreht. Auch 4er-Gruppen lassen sich so problemlos installieren. (In der alltäglichen Arbeit hat sich gezeigt, dass die Kleingruppenarbeit mit 4 Schülerinnen und Schülern am effektivsten gelingt.)

Gerade in heterogenen Gruppen hat es sich bewährt, den Einstieg in die Arbeitsphase mit einem zusätzlichen Impuls zu initiieren. Beispiele: Der älteste Schüler beginnt zu lesen, die Schülerin mit den längsten Haaren schreibt auf oder der im Alphabet zuerst genannte Schüler trägt das Arbeitsergebnis vor usw. Dies schafft Rollensicherheit und Vertrauen in die anstehende Aufgabe.

Gängige Strategien, wie Schülerinnen und Schüler sich der Gruppenarbeit verweigern, kennen wir alle. Entgegen wirken können wir z.B. durch

➢ Gesprächssteine

Für die Phase der Gruppenarbeit erhält jedes Gruppenmitglied drei Glaslinsen für drei Gesprächsbeiträge. Sind die drei Glaslinsen eines Schülers verbraucht, muss er sich so lange zurückhalten, bis alle Gruppenmitglieder ihre Glaslinsen eingesetzt haben und neue verteilt werden. So sind alle Mitglieder „gezwungen" sich einzubringen. Am Ende sollen alle Glaslinsen in der Mitte liegen.

➤ Laminierte Rollenkarten

Laminierte Rollenkarten verteilen die Aufgaben innerhalb der Gruppe und sind immer wieder einsetzbar. Dabei hat es sich bewährt, wenn auch Aufgaben zum Sozialverhalten vergeben werden, z.B. Rollenkarte „Materialholer & Ermutiger" für das aktive Mitarbeiten, „Schreiber & Zeitwächter" oder „Zusammenfasser & Lautstärkenmanager". Diese Rollenzuweisung schafft eine positive gegenseitige Abhängigkeit und bindet jedes Gruppenmitglied in die Arbeit ein.

➤ Eine Mini-Evalation

Eine Mini-Evaluation schafft Nachhaltigkeit und stärkt das Selbstvertrauen der Schülerinnen und Schüler in ihre Methodenkompetenz. Auf einen Arbeitsblatt mit Skala von 1–4 wird z.B. gefragt: Wie war meine Mitarbeit im Team? Hat sich jeder eingebracht? Wurden meine Ideen aufgenommen? Oder welche Verbesserungsvorschläge gibt es für das nächste Mal? Diese Blätter können in einem Ordner gesammelt werden und vor der nächsten Gruppenarbeit eingesehen werden.

Partnerarbeit effektiv anleiten

Das Nennen der Regeln im Vorfeld der Partnerarbeit gibt gerade Schülerinnen und Schülern, die methodisch noch nicht ganz so versiert sind, eine gute Hilfestellung, um kleinschrittig ihre Kompetenzen in dieser Sozialform aufzubauen. Diese Regeln können z.B. auf einem DIN-A3-Blatt formuliert und laminiert sein und sind so immer wieder einsetzbar. Symbole für die einzelnen Regeln unterstützen hier den Text.

⇆ Auf der körpersprachlichen Ebene ist wichtig, dass sich die Partner einan der zuwenden, um so die Kommunikation zu erleichtern.

🔊 ☺ In der Arbeitsphase wird auf die Lautstärke und das partnerschaftliche Miteinander geachtet. Der Lehrer setzt ein klares Ende der Partnerarbeit und setzt akzentuiert mit der neuen Unterrichtsphase ein.

Zu Beginn werden die Aufgaben verteilt:

✂ 📄 Wer holt das Material?

👓 📖 Wer liest vor?

👂 Wer gibt das Gehörte erläuternd wieder?

✍ Wer schreibt das Ergebnis auf?

☝ Wer präsentiert das Ergebnis?

Und zum Schluss – das gute alte Tafelbild

Wie oft entsteht ein Tafelbild ad hoc und wird mit Kreide und Schwamm entwickelt. Wirklich entwickelt? Oder ist es doch eher eine unstrukturierte Verlaufsskizze? Unsere Schülerinnen und Schüler sind zu über 90% „visuelle Lerntypen". Eine gut vorstrukturierte Planung des Tafelbildes muss zu Beginn des Unterrichts vorliegen, z.B in Form eines vorgefertigten Blattes. Hierzu kann man ein DIN-A4-Blatt waagerecht halbieren. Die beiden kurzen Außenseiten werden mittig geknickt, so dass eine dreigeteilte Minitafel zum Beschriften entsteht. Dadurch ist sichergestellt, dass dieses Minitafelbild 1: 1 übertragbar ist – leserlich und anschaulich.

Die dreigeteilte Tafel bietet die Chance, den Unterrichtsverlauf für die Schülerinnen und Schüler schon zu Beginn des Unterrichts transparent zu machen. Eine Schweizer Studie ergab, dass nur 3% der deutschen Lehrerinnen und Lehrer Inhalte und Ziele ihres Unterrichts für die Schülerinnen und Schüler transparent machen! Machen wir es besser und bieten – unaufwändig und sinnvoll – Hilfsstrukturen für die unterschiedlichen Lernbedürfnisse.

Fachvokabeln:	Thema: Die 4 Evangelien im Vergleich					Methode:
		Mt	Mk	Lk	Joh	4-Ecken-Diskussion
Evangelium: frohe Botschaft	wann?					
	wer?					Sozialform:
Synopse: Zusammenschau	für wen?					Gruppenarbeit
	was?					
Denkspeicher:	Fazit?					Zeit: 🕐
Woher stammen diese Namen?						5 min (bis 10.05 h) und 10 min (bis 10.25 h)

Tafelbild: Beispiel

Die beiden Außentafeln haben immer die Aufgabe, den organisatorischen Rahmen abzustecken. Wichtig ist es, die zeitlichen Vorgaben in Echtzeit zu nennen, dies vermeidet Diskussionen über das Arbeitsende. Als praktisch haben sich hier magnetische Wecker erwiesen, die an die Tafel geklebt werden können. Die verwendeten Methoden haben einen Namen, so dass sie von den Schülerinnen und Schüler eintrainiert und immer sicherer angewendet werden können. Da wir bei vielen Schülerinnen und Schülern heute kaum noch eine häusliche christliche Primärsozialisation voraussetzen können, ist es um so wichtiger, „Fachvokabeln" einzuführen und diese zu erläutern. Im „Denkspeicher" werden Ideen und Schüleräußerungen gesammelt, die nur im weiteren Sinn zum angestrebten Verlauf passen. Diese sollten jedoch später aufgegriffen werden, um auch diese Beträge wertschätzend für den Unterricht fruchtbar zu machen. Somit kann die „Angst vor falschen Antworten" minimiert werden.

> Flüssigkreide

Und wenn keine Tafel vorhanden ist? Oder zu wenig Tafelfläche? Oder Ergebnisse länger erhalten bleiben sollen? Etwas soll gezeichnet oder dargestellt werden? Moderne Flüssigkreiden (auch Kreidemarker oder Illumigraphen) eröffnen auf den Fensterscheiben ein völlig neues Medium. Die Stifte sehen aus wie Textmarker und lassen sich vielfältig einsetzen. Die Farben kommen an Fensterscheiben intensiv zur Geltung und können später problemlos entfernt werden.

Schritt 1 | Neue Seiten aufschlagen

Neugier und Vorfreude? Bei Riko, jedenfalls im Augenblick, nicht. Die Schülerinnen und Schüler versetzen sich in Rikos Lage und mutmaßen, was ihm im Kopf herumgeht. Dabei finden sie Zugang zu der Thematik des ersten Kapitels. Vermutlich kommen sie dabei explizit oder implizit auf ihre eigene Situation zu sprechen.

Es geht um ...

Der Unterricht öffnet folgende Fragehorizonte:

- Welche Herausforderungen stecken in einem Neuanfang?
- Welche Ängste und welche Hoffnungen verbinden sich mit einem Neuanfang?
- Wie kommt man ins Gespräch? Wie lernt man Leute kennen?
- Wie lernt man Leute kennen, denen man nicht begegnen kann (Stars? Menschen zu anderen Zeiten, an anderen Orten?)
- Wie lernen Menschen heute Jesus kennen? Was kann man über ihn erfahren?
- Was wissen / denken Menschen heute über Jesus (Christen, Nicht-Christen, Muslime)?
- Worauf kommt es den Evangelisten an, wenn sie von Jesus erzählen?
- Wie macht Jesus Menschen neu?

Darauf kommt es an ...

Die Schülerinnen und Schüler

- können beschreiben, wie verschiedene Menschen auf Veränderungen in ihrem Leben und Umfeld reagieren; können Kennenlern-Strategien benennen und bewerten; gestalten eigene;
- können das Leben Jesu von Nazareth in der Geschichte verorten, können über Jesus-Bilder ihrer Umwelt Auskunft geben, u.a. über Jesus im Islam;
- kennen Namen und Reihenfolge der vier Evangelien und nennen Unterschiede im jeweiligen Jesus-Bild;
- bewerten die „Leistung" der Evangelisten bezüglich Historie bzw. Verkündigung;
- können die Begegnung Jesu mit Zachäus erzählen und deuten sie hinsichtlich des „Neu-Machens";
- gestalten ihr eigenes Jesus-Bild.

Die Schritte im Einzelnen

Seite für Seite

Seite 12: Begrüßungen sagen viel über die Einstellung des Grüßenden: Will er Kontakt? Will er lieber nicht? Ist er schüchtern, schlecht gelaunt, traurig? Es gibt regionale Begrüßungen, Begrüßungen, die in bestimmten Gruppen „in" sind, Insider-Begrüßungen. Über manche könnte man nachdenken: Was bedeutet eigentlich „Grüß Gott"?

Seite 13: Das Schema „Ich heiße ... ich mag" gibt Sicherheit beim Sich-Vorstellen; wenn Menschen ihr Lieblingsessen, ihren Lieblingssänger, ihre Lieblingsfarbe nennen sollen, bewegen sie sich auf sicherem Boden. Sie geben nicht zu viel preis, machen aber einen Anfang. Das Schema ist beliebt – jedes „Freunde-Album" funktioniert so.

Seite 14: Man könnte auf die Idee kommen, dass Lisa ein wenig zu offen, Riko ein wenig zu verschlossen ist. Aber gerade in der Mischung liegt die Chance: Ob er will oder nicht, Riko nimmt Lisa wahr. Lisa kommt durch Rikos „hast du schon gesagt" ins Grübeln.

Seite 15: Abbildung auf einem Wandgemälde in der Katakombe S. Commodilla, südlich von Rom, aus dem 4. Jh. n. Chr.: ein ernstes Gesicht, sehr menschlich und doch umgeben vom Heiligenschein – ein besonderer Mensch, der seinen Blick "nach oben" richtet. Was sieht man da? Gott im Himmel? – Die Buchstaben links und rechts sind ein griechisches Alpha (A) und Omega (O; häufiger so geschrieben: Ω; hier aber die Minuskel w) – erster und letzter Buchstabe des griechischen Alphabets. Soll bedeuten: Die Macht Jesu Christi reicht vom Anfang der Welt bis an ihr Ende. Dahinter steht die Idee vom Gottessohn, der immer schon bei Gott war, für einige Zeit auf der Erde lebte und dann zum Vater zurückkehrt, um mit ihm zu herrschen.

Seite 16: Es gibt beinahe so viele Jesus-Bilder wie Christen (und dann noch die der Muslime, Juden, Buddhisten usw.), im Kern aber zwei Tendenzen: den Menschen Jesus zu betonen – den Prediger, Heiler, das ethische Vorbild – oder den Gottessohn – den Auferstandenen, den Herrn, den künftigen Richter. Eifern wir ihm nach? Beten wir ihn an? Was gibt diesem Jesus von Nazareth Kraft, bis heute das Leben auf der Erde zu beeinflussen?

Seite 17: Jesus und Isa sind insofern nicht derselbe, als ihre Bedeutung in den beiden Religionen unterschiedlich ist (Christentum: „einsame Spitze", Islam: einer unter anderen). Gott kann im Islam keinen Sohn haben; das ergibt sich aus Gottes Einzigartigkeit.

Seite 18/19: Verschiedene Jesus-Bilder gibt es schon in der Bibel. Jeder Evangelist hat Jesus auf seine Weise verstanden. Das ist wichtig zu wissen, wann immer versucht wird, eine bestimmte Lehre über Jesus verbindlich zu machen. Jesus bleibt ein Geheimnis. Im Glauben erkennen Menschen in ihm den Retter, Heiland, den Weg zu Gott.

Seite 20: O-Ton eines Schülers: „Das sind aber doofe Bilder – so kahl und keine echten Menschen." – „Da kann man sich selbst was reindenken" (Schülerin). Die Zachäus-Geschichte (Lukas 19) elementar: Da sitzt einer auf dem Baum und wird heruntergeholt. Und dann gehen sie gemeinsam. Es geht ums Ausgegrenzt-Sein und darum, dass Jesus solche Grenzen bewusst durchbricht. Dadurch macht er Menschen neu – und davon erzählen alle Evangelisten – kein kleinster gemeinsamer Nenner, sondern der wichtigste.

Schritt 1 | Neue Seiten aufschlagen

Tipps und Tricks

Fragetechniken trainieren:

Riko hinter dem Computer (2. Seite): Stellt ihm Fragen, auf die er mehr antworten muss als „ja" oder „nein". Andersherum: Angenommen, Riko ist nicht zu mehr bereit als zum Nicken oder Kopfschütteln – wie muss man nun fragen, um möglichst viel herauszufinden? Einer ist „Riko" und sagt nur „ja" und „nein"; die anderen stellen Fragen; an der Tafel wird protokolliert, was herauskommt.

Einführen in das Thema „Neu machen":

Wir schaffen Vorher-Nachher-Situationen am Beispiel äußerlicher Veränderungen: Ein wenig Gel und kräftige Schminke, üppige Accessoires, coole Gürtel oder ein Kopftuch verändern das Aussehen beträchtlich. Solche Veränderungen machen Spaß – wozu dienen sie? Was bewirken sie? Wie tief gehen sie?

Einführen in die „Zeichen-Sprache" anhand der Evangelisten-Symbole

Den Evangelisten (historisch nicht fassbar) hat die Tradition z.T. Lebensgeschichten (Lukas, der Arzt) zugeordnet, aber auch Zeichen, die durchaus mit der Sichtweise des jeweiligen Evangeliums auf Jesus zu tun haben. Im Schülerbuch sind erkennbar: Engel/Mensch – Matthäus; Löwe – Markus; Stier – Lukas; nicht erkennbar: Adler – Johannes (Merkformel ELSA). Mit viermal zwei Karten lässt sich ein kurzes Memory spielen. Über das reine Zuordnungswissen hinaus führt ein Lied (AB1), das zu den Zeichen Assoziationsfelder eröffnet. Manches mag unzugänglich bleiben; die Arbeit mit dem AB gibt den Schülerinnen und Schülern jedoch einen Eindruck davon, was Zeichen (Symbole) sind: mehr als es Buchstaben könnten, vertreten sie ein weites Feld von Mitgemeintem, Mitzudenkendem und laden dazu ein, eigene Vorstellungen einzubringen und anzuknüpfen.

Arbeitsblatt 1: Lesen/Singen Sie das Lied zunächst gemeinsam; nutzen Sie die Klasse als „Think-Tank", klären Sie gemeinsam (sonst erläutern!):

- Wer war Johannes der Täufer?
- Was für einen Bund hatte Gott mit Abraham/Mose/David?
- Was ist an Himmelfahrt geschehen?

Arbeitsblatt 2: Der Rückgriff auf den Ezechiel-Text lässt ahnen, wie Tradition entsteht: Bilder aus dem Alten Testament werden herangezogen, um den neutestamentlichen Autoren ein „Gesicht" zu geben.

Die Schritte im Einzelnen

Arbeitsblatt 1: Vom viergestaltigen Wort

Matthäus zeigt uns schon am Anfang den Christus als Menschensohn: Vom Hause Davids kam der Herr, es suchten ihn die Weisen sehr.	
Für Markus steht des Löwen Bild, das dem Gebrüll des Täufers gilt und deutlich macht, dass Jesus Christ der lang ersehnte König ist.	
Des Lukas' Zeichen ist der Stier, des alten Bundes Opfertier: Gott selber gab am Kreuz sich hin – ein Ende und ein Neubeginn.	
Johannes zeigt des Adlers Bild, der als des Fluges Meister gilt. Er kündet Christi Gegenwart im Fortgang seiner Himmelfahrt.	

Text: Siegfried Macht, singbar auf die Melodie von EG Nr. 7

Jeder der vier Evangelisten hat ein besonderes „Zeichen", an dem man ihn erkennen kann. Was kannst du in dem Lied darüber erfahren?

1. Unterstreiche in jeder Strophe das Schlüsselwort (das dir das Zeichen verrät). Zur Kontrolle ⇨ ✂ Evangelium/Evangelist
2. Gestalte zu jedem Evangelisten das passende Zeichen. Ihr könnt Memory spielen.

Schritt 1 | Neue Seiten aufschlagen

Arbeitsblatt 2: Die Evangelisten-Zeichen zurückverfolgen

„Die Zeichen", sagt der Bibel-Wissenschaftler, „sind viel älter als die Evangelisten, denen wir sie heute zuordnen. Sie stammen aus dem Alten Testament. Da steht im Buch des Propheten Ezechiel (Ez 1,10):

Ich hatte eine Vision: Ich sah den Himmel offen und sah dort etwas so unfassbar Fremdes, dass ich es kaum beschreiben kann: Sehen so Gottes Engel aus? Wie Menschen oder wie Tiere oder wie beides auf einmal? Denn da waren vier Gestalten mit vier verschiedenen Gesichtern:

Das eine Gesicht war das Gesicht eines _____ ,

das zweite Gesicht das Gesicht eines _____ ,

das dritte Gesicht das Gesicht eines _____ ,

Das vierte Gesicht war das Gesicht eines _____ .

- Trage die Zeichen ein.
- Zu zweit: Findet eine Erklärung dafür, dass die Zeichen aus dem Alten Testament viele Jahrhunderte später neu verwendet wurden. Nennt ein weiteres Beispiel für die neue Verwendung alter Zeichen.
- In der Klasse: Vier von euch überlegen sich ein Zeichen, das ihrer Meinung nach zu ihnen passt und schreiben es auf. Der Spielleiter notiert die vier Zeichen an der Tafel und der Rest der Klasse muss erraten, was zu wem passt bzw. von wem kommt – gebt alle einen schriftlichen Tipp ab. Wer wurde von den meisten mit seinem Zeichen identifiziert?

Schritt 2 | Zurechtfinden

Lisa findet die neue Schule aufregend. Das muss sie gleich ihrer Omi erzählen. Wie sie sich zurechtfindet? Dafür gibt es andere, die man fragen kann, eine Lehrerin, die einen herumführt, eine Schulordnung, die Regeln für ein reibungsloses Miteinander formuliert.

Es geht um ...

Der Unterricht öffnet folgende Fragehorizonte:

- Was für Wege gehe ich oft?
- Was unterscheidet bekannte und unbekannte Wege?
- Welchen Reiz haben Umwege, Irrwege, welche Tücken?
- Was/wer hilft bei unbekannten Wegen?
- Wer/was hilft bei der Orientierung auf dem Lebens-Weg?
- Die Bibel als Wegweiser – was für ein Weg ist das?
- Jesu Wort als Wegweiser – wie weit kommt man damit?

Darauf kommt es an ...

Die Schülerinnen und Schüler

- können beschreiben, wie sie sich zurechtfinden – auf bekanntem/auf unbekanntem Terrain;
- kennen Orientierungshilfen wie Schilder, Wegweiser, Regeln;
- können Menschen nennen, die „von Amts wegen" Orientierung geben;
- können Wert und Fragwürdigkeit von Regeln problematisieren;
- diskutieren und bewerten Verbindlichkeiten;
- können die Glaubwürdigkeit von Autoritäten bewerten und hinterfragen;
- unterscheiden zwischen Amt und Person;
- kennen die 10 Gebote und ihren Sinn;
- beziehen einzelne der 10 Gebote auf ihr eigenes Handeln;
- können erklären, worauf Jesu Bergpredigt zielt;
- können die Goldene Regel erläutern und auf ihr eigenes Leben beziehen;
- arbeiten an ihren eigenen Regeln, stellen sie zusammen.

Schritt 2 | Zurechtfinden

Seite für Seite

Seite 22: „Irrgarten" und „Labyrinth" – das ist ein Unterschied. Im „Irrgarten" gibt es viele mögliche Wege und eigentlich kein Ziel – außer: irgendwie wieder herauskommen; das Labyrinth führt einen sinnvollen Weg – ins Innere und wieder nach außen.

Seite 23: Markante Punkte in der Landschaft geben Anhalt: ein kahler Baum, der Fluss; dann absichtsvolle Wegzeichen: die Brücken, der Pfeiler. Da könnte man einen Wegweiser anbringen: nach xy?. Was geschieht, wenn verschiedene Personen denselben Weg durch Straßen der Stadt beschreiben (anekdotisch: Pfarrer, Säufer, Banker, Hausmann usw.)? Jeder Mensch richtet sich nach dem, was ihm nah ist/mit ihm zu tun hat.

Seite 24: Das Verbot „Fischen verboten" bewahrt das Leben in dem geschützten Gewässer; den Vogel würde es umbringen (wenn er es verstünde und beachtete). Die Karte macht darauf aufmerksam, dass Regeln nicht für alle passen, nicht für alle sinnvoll, nicht für alle verständlich sind.

Seite 25: Mensch und Amt ist zweierlei: So kann einer qua Amt strenge Regeln durchsetzen, privat aber ein „lässiger Typ" sein. Auch Privatpersonen tragen „Uniformen", z.B. wenn sie vorgeben, cool zu sein, wenn sie in Wahrheit unsicher sind.

Seite 26: Der Treffpunkt Tora lädt ein, selbstständig weiterzusuchen (Gruppen): Was kann man für sein Leben lernen – aus der Schöpfungsgeschichte, - von Kain und Abel, - aus dem Turmbau, - von Noah, - Abraham (Jakob, Josef), - Mose? Die Schülerinnen und Schüler formulieren ihre Ergebnisse: „Du lebst glücklich/unglücklich, wenn du …

Seite 27: Im Verkehr geht es um Achtsamkeit: Man will nicht zusammenstoßen, keinen Unfall verursachen oder erleiden. Das wird auf das Zwischenmenschliche übertragen – so wird deutlich, dass Gottes Gebote keinen Zwang darstellen, sondern eine Hilfestellung zum „unfallfreien Leben".

Seite 28/29: Man tut sich selbst Unrecht, wenn man anderen Unrecht tut – das gilt unabhängig davon, ob man vielleicht einen guten Grund für sein Handeln hätte. Das ist der Kern des Racheverbots, das Jesus in der Bergpredigt entfaltet. Und auch: Böswillig sein steckt an. In der Bergpredigt geht es Jesus darum: Auf das, was in euch steckt, kommt es an, euren guten Willen, eure Einstellung, eure Liebe: im Bild gesprochen: Sanft sollt ihr sein („Schaf") – innen, nicht nur außen.

Seite 30: „Liebe Gott und liebe deinen Nächsten wie dich selbst" – das Doppelgebot der Liebe geht davon aus, dass auch Liebe ansteckt: Wer sich geliebt fühlt, liebt wieder – sich selbst und andere. Das Bild zeigt die Wirkungen: Da werden Nackte gekleidet, Hunger und Durst gestillt, Kranke, Einsame, Gefangene (oben links, am Pranger) besucht.

Seite 31: Warum Gottes Liebe Menschen näher zueinander bringt, das veranschaulicht das Gleichnis von den Engeln.

Die Schritte im Einzelnen

Tipps und Tricks

Regeln achten lernen

Wer sich zurechtfinden will, braucht Regeln. Es kann ein Lernziel dieses Schritts sein, dies explizit mit den Schülern zu thematisieren und auf Nachhaltigkeit zu überprüfen. Regeln werden als praktische Lebenshilfe verständlich und so angenommen. Welche Regeln gelten speziell für unseren Religionsunterricht? Was ist uns besonders wichtig und warum? Im Kontext der 10 Gebote wird klar – es gibt erprobte Regeln, die erfolgreich ein friedliches Miteinander anleiten können.

Die vier Ecken der Klasse können als Themenecken gestaltet werden:

- Klassenregeln
- Familienregeln
- Zeichen, die sagen, wo´s lang geht
- Regeln für alle.

Klassenregeln sind vielfach vorhanden – werden sie im Alltag beachtet? Eine Schülergruppe erarbeitet Vorschläge, wie diese Regeln im schulischen Alltag lebendig bleiben.

Eine Gruppe führt eine Umfrage bei Großeltern durch: Schule zu Omis Zeiten. Großeltern können zu einer originalen Begegnung in den Unterricht eingeladen werden.

An die Zeichen, die wir im Straßenverkehr sehen, halten wir uns. Eine Gruppe kann genauso einleuchtende Zeichen für die Klassenregeln entwerfen.

Begleitend soll jede Unterrichtsstunde mit einer Reflexionsphase enden: Die letzten fünf Minuten sind dem Führen eines Mini-Lerntagebuchs vorbehalten: Welche Regel wollte ich heute besonders beachten? Wie ist mir das gelungen? Was kann ich noch verbessern? Wie merke ich, dass ich es geschafft habe?

Rituale probieren

Schülerinnen und Schüler finden nicht leicht einen Zugang zur Gedankenwelt der Bergpredigt. Allenfalls das Vaterunser ist vielleicht bekannt; das Beten wiederum kaum geläufig. Über das Nachschlagen beim Treffpunkt Bergpredigt kann sich die Chance ergeben, Stunden mit einem Vaterunser zu beginnen (je nach Gruppe und Umfeld). Ist das als Ritual eingeführt, nehmen die Kinder es meist rasch an und können so in einer originalen Begegnung selbst erleben, was aktives Beten ist. Das dient auch der Profilgewinnung des Faches. Von dem tradierten Gebet ausgehend, können die Schülerinnen und Schüler (zum Beispiel anhand der Antithesen) Gebete mit eigenen Formulierungen erarbeiten – in altersgemäßer Sprache. Diese neuen Gebete können in einer Sammlung „Gebete unserer Klasse" in einem Hefter gesammelt werden. Die Gebetssammlung wird immer wieder erweitert, Texte können bearbeitet, für unterschiedliche Situationen umgeschrieben und z.B. bei Schulgottesdiensten in der Schulöffentlichkeit gebetet werden.

Schritt 2 | Zurechtfinden

Arbeitsblatt 3: Das ganze Gesetz auf einem Bein?

Singt die „goldene Regel" - vielleicht sogar mit Gitarrenbegleitung. Erfindet einen passenden Tanz „Auf einem Bein": Hip-Hop, Break-Dance, rockig, in der Disco, oder…?

So hätte man die Aufgabe vielleicht vor 500 Jahren in Frankreich gelöst: Aufstellung im Kreis (Blick nach innen, Hände beider Nachbar/innen gefasst), Zählzeit ist die Viertelnote. Oder: In zwei (Halb-)Kreisen, Mädchen innen, Jungen außen (mit Händen auf Schultern bzw. Oberarmen der Nachbarn).

Takt	Zeit	Bewegung
0		(Auftakt abwarten)
1	1 2	Linken Fuß nach links seitwärts; rechts nachstellen (ohne Gewicht).
	3 4	Rechts nach rechts seitwärts; links nachstellen (ohne Gewicht).
2	1 2 3 4	Links nach links seitwärts; rechts nachstellen; links nach links seitwärts; rechts nachstellen (ohne Gewicht).
3	1-4	Takt 1 gegengleich wiederholen (d.h. zur jeweils anderen Seite)
4	1 2 3 4	Sprung auf den rechten Fuß und links dabei vorstoßen in die Luft nachfedern nachfedern nachfedern

Von vorn beginnen.

Schritt 3 | Vertragen

Manchmal ist es gut, um Vermittlung zu bitten. Ein Streit zwischen Zweien dreht sich im Kreis, von außen kann die Lösung kommen. Hier ist es nur die Diskussion um Regeln der neuen Schule – und Lisa gibt die Frage an die Lehrerin weiter. Aber auch im Ernstfall hilft Lisas Taktik.

Es geht um ...

Der Unterricht öffnet folgende Fragehorizonte:

- Welche Erfahrungen haben wir mit Streit?
- Wie wirken Gruppen – auf die, die drin sind?
- Wie wirken Gruppen – auf die, die draußen sind?
- Wie kann man Streit vermeiden?
- Wie kann man Streit schlichten?
- Welcher Unterschied besteht zwischen Lösungen und Erlösung?

Darauf kommt es an ...

Die Schülerinnen und Schüler

- können Streitigkeiten beschreiben und erklären, wie sie entstehen;
- kennen Möglichkeiten, Streit zu beenden (Mediation);
- beurteilen Möglichkeiten, Streit zu vermeiden;
- suchen Wege, einen Beitrag zum friedlichen Miteinander zu leisten;
- können Beispiele für gewaltlose Streitlösungen erzählen (Salomo, Jesus);
- kennen die Vorstellung, dass Jesus uns mit Gott versöhnt hat;
- setzen sich mit der Formel „für uns/für mich gestorben" auseinander;
- arbeiten an ihrem Jesus-Bild.

Schritt 3 | Vertragen

Seite für Seite

Seite 36: Die „Insider" stehen relativ „locker" – was geschieht mit dem Neuankömmling, wenn die Fronten enger geschlossen werden? Dass jede der Figuren „Vermittler" heißt, enthält einen Appell: Benimm dich auch so, hilf anderen beim Ankommen und Mitmachen. Die „Vermittler" stehen auf drei Beinen – das ist die sicherste Position gegen Wackeln; aus einem gesunden Selbstbewusstsein heraus kann man sich für andere einsetzen.

Seite 37: Wer von den Dialogpartnern entspricht den auf der Vor-Seite erarbeiteten Kriterien eines „Vermittlers"?

Seite 38: „Der Klügere gibt nach." – Was ist eigentlich so klug am Nachgeben? Streit bedeutet meistens, dass sich hinterher alle irgendwie schlecht fühlen – Sieger wie Verlierer. Demgegenüber sind einvernehmliche Lösungen weniger belastend. Familienleben/Zusammenleben ist ein Geben und Nehmen, es gelingt, wenn jeder mal der Geber, mal der Nehmer ist. Und: Danken ist ebenso wichtig wie Nachgeben.

Seite 39: „Salomos Urteil hat nichts mit Vertragen zu tun – da geht es um was anderes!" Diese Kritik eröffnet das Nachdenken: Worum geht es bei Salomos Urteil? Liebe ist größer als Recht haben? Gewiss. Aber: Ist Liebe nicht auch die Seele des Vertragens?

Seite 40: Es kommt sehr wohl auf Stärke an, im Sport, im Freundeskreis! Es kommt auf Klugheit an, in der Schule, im Beruf. Jesu Statement reizt zum Widerspruch: Wo kommt es nicht auf Stärke und Klugheit an – wo könnte das sein, vor wem? Liebe ist stärker als Recht haben (s.o.) – Liebe ist auch stärker als Schwächen und der geliebte Mensch ist mehr als die Summe seiner Stärken und Schwächen.

Seite 41: Das Vergehen der „Ehebrecherin" aus Joh 8 wäre austauschbar – es steht exemplarisch für: Sie hat getan, was man nicht tut; sie ist erwischt worden; sie ist schuldig. Es geht im Kern um die anderen, um die, die bereit sind, einzuschreiten, zu strafen: Weil sie das Recht lieben? Weil sie ihr Leben verteidigen? Weil sie besser sind? – Jesus meint, sie haben Angst. Sie sind nicht so viel besser und deshalb sind sie dankbar für den „Sündenbock".

Seite 42/43: Nicht nur Brücken bauen (aus fremdem Material), sondern sich selbst zur Brücke machen – das hat mit Hingabe zu tun, das kann in letzter Konsequenz nur Jesus (42). Niemand wird zur Selbstaufopferung aufgefordert, aber es ist gut zu wissen: Einer hat's getan, ein für alle Mal: Gott selbst. So verstehen und verkündigen es Christen seit Pfingsten. Das Sich-Einsetzen für andere hat seither Schule gemacht; im Kleinen können es alle. Und so entsteht Gemeinschaft.

Seite 44: Zu christlicher Ethik gehört dieses Denken in Gegensätzen – ich setze gut gegen schlecht; vor allem aber auch, dass Liebe nicht „gemacht", sondern erbeten wird. Der Franz von Assisi zugeschriebene Text ist nicht ein Katalog guter Vorsätze, sondern ein Gebet.

Die Schritte im Einzelnen

Tipps und Tricks

Störungen haben Vorrang: Brainstorming, Cluster und Anwendung

Oftmals können sich Schülerinnen und Schüler nach der Pause kaum auf den Unterricht konzentrieren. So lassen sich im Plenum schnell Streitigkeiten aus der Pause sammeln. Die Sammlung wird nach Oberthemen sortiert:

Schüler – Schüler	Gruppe – Gruppe	Schüler – Lehrer
Beispiele: ….	Beispiele: ….	Beispiele: …

Nun kann erarbeitet werden: Wenn zwei sich streiten hilft oft ein Dritter.

Vermittlung: Visualisieren und gestalten

Versuch zur Frage: Was ist ein Vermittler? Wasserfarbe und Wischtechnik verdeutlichen: Aus Meinung 1 (blaue Farbe) und Meinung 2 (gelbe Farbe) entsteht beim Ineinander-Mischen die (Kompromiss-) Farbe grün. Wie ist ein Vermittler? Weder blau noch gelb, aber von beidem etwas …

Gruppendynamik: Gestalten und erfahren

Lassen Sie ein Standbild bauen: Aus sechs „Insidern" und einem „Außenseiter". Bei einem bewussten Wechsel der Perspektive 1:6 und 6:1 wird deutlich, wer sich wie fühlt. Mit einer Lampe kann ein Schatten geworfen werden. Langt der Schatten der Gruppe bis zur Einzelperson, kann so ein Kontakt angebahnt werden, der durch Lisas Argumente (Schülerbuch S. 37) unterlegt werden kann.

Der Klügere gibt nach: Gestalten und spüren

Be-greifen: Reisgefüllte Luftballons, die beliebig in der Hand geknetet und gedrückt werden können, geben einen haptischen Eindruck vom vermeintlichen Zurückweichen, das in Wahrheit ein Beharren in seiner Form darstellt.

Schritt 3 | Vertragen

Arbeitsblatt 4: Angenommen ...

... die einen sagen: Jesus ist ein Fresser und Weinsäufer. Fromm sein kann man nur wie Johannes, der fastet, predigt und betet in der Wüste. Die anderen sagen: Nein, Johannes ist ja wie besessen. Fromm sein heißt: mit den Verachteten feiern, so wie Jesus das getan hat. Und wieder Dritte meinen: Wenn es über das Frommsein so geteilte Meinungen gibt, lassen wir es am Besten ganz ...
Lukas 7,31-35

... aufgebrachte Ankläger fordern für jemanden eine grausame Strafe und nach einem alten Gesetz scheint das sogar okay... Johannes 8,3-11

... Anhänger Jesu beten, predigen von der Liebe Gottes und helfen vielen Menschen aus psychischer Not und Angst – haben aber keine Zeit sich um die Witwen zu kümmern, die niemand mit den nötigsten Lebensmitteln versorgt ...
Apostelgeschichte 6,1-6

Vermittle an Jesu Stelle: Was sagst du? Was tust du? Schreib es auf und sammle andere Meinungen (Methode „Geben und Nehmen").

Meine Idee 1	Andere Idee 1
Meine Idee 2	Andere Idee 2
Meine Idee 3	Andere Idee 3

Die Schritte im Einzelnen

Arbeitsblatt 5: Ein Platz im Himmel

Jesus sagt: Selig seid ihr Armen; ihr habt einen Platz im Himmel! (Lukas 6,20) …
Jesus sagt dem reichen Jüngling: Gib weg, was du hast, schenk es den Armen; dann hast du einen Platz im Himmel. (Markus 10,21)
Jesus am Kreuz zu einem, der mit ihm gekreuzigt wird: Noch heute wirst du mit mir im Himmel sein. (Lukas 23,43)

Die Evangelisten schreiben jeder auf seine Weise: Was Jesus gesagt und getan hat, das war wie Platzkarten für den Himmel vermitteln. Stell dir vor, Jesus hätte vor Fußballfans gepredigt: Was für ein Gleichnis fiele ihm wohl ein über den Zutritt zum Himmel? Verwende u.a. folgende Begriffe:

✓ Freikarten
✓ Großes Endspiel
✓ Zu teuer
✓ Unerwünschte Gäste

Arbeitsblatt 6: Vom Hauptwort zum Tuwort

GEBET

GEBEt

GEBet

GEbet

Gebet!

© Siegfried Macht

Erkläre das Wort-Rätsel: Welche Botschaft Jesu steckt darin? Überlege dir eine Situation, in der er diese Botschaft verkündigen würde.

Schritt 4 | Arbeit und Ruhe gehören zusammen

Länger schlafen, barfuß gehen, Freunde sehen – freie Zeit bietet Chancen zum Anderssein, zum Zur-Ruhe-Kommen, zum Atem-Holen. Wissen wir noch, dass jeder Sonntag ein kleines Auferstehungsfest ist?

Es geht um ...

Der Unterricht öffnet folgende Fragehorizonte:

- Was unterscheidet Alltag und Freizeit?
- Was bedeutete der Sonntag früher, was bedeutet er heute?
- Was bedeutet der Sabbat im Judentum, der Sonntag im Christentum?
- Was ist der Sinn von Arbeit?
- Was ist gerechter Lohn?
- Wem soll er gerecht werden – der Leistung oder den Bedürfnissen?
- Kann man Ruhe anordnen?

Darauf kommt es an ...

Die Schülerinnen und Schüler

- kennen den religiösen Gehalt von Sonntag und Sabbat;
- können den Unterschied zwischen Alltag und Feiertag erklären;
- können den Zusammenhang von Leistung und Lohn erläutern und problematisieren;
- kennen das Gleichnis von den Arbeitern im Weinberg und können die Frage der Gerechtigkeit daran entfalten;
- kennen Jesu Vorstellung von Gerechtigkeit (Reich Gottes) und setzen sie zu eigenen Erfahrungen in Bezug;
- kennen die Zusage Gottes, vor dem nicht Leistungen und Verdienste zählen, sondern der Mensch als Ganzer angenommen ist;
- können den Sinn von Atempausen und Lebensrhythmen aus eigener Erfahrung erläutern;
- erleben Ruhe und Stille und prüfen, welcher Rhythmus ihnen guttut.

Die Schritte im Einzelnen

Seite für Seite

Seite 46: Der äußerliche Unterschied zwischen Alltagskleidung und Sonntagskleidung ist weithin verloren gegangen; hier soll er wiederentdeckt werden als ein erster Anlass, über Zeiten und Zeitrhythmen zu sprechen.

Seite 47: Wochenende bedeutet für viele: arbeitsfrei; ist das „Ich mach, was ich will" oder ist das ein hoher Anspruch: „Ich muss mich unbedingt amüsieren, sonst mach ich was falsch"? Der Auszug aus dem Grundgesetz legt eine andere Spur: „Arbeits-RUHE" und „seelische Erbauung" – was steckt denn in diesem „altmodischen" Wort? Kommt irgendein Schüler auf Gottesdienst?

Seite 48: Die Frage nach dem Sinn der Arbeit wird vordergründig mit Klischees bedient; angesichts hoher Arbeitslosigkeit und der Einschränkungen der Berufswahl durch einen eventuell weniger qualifizierten Schulabschluss sind die kontroversen Antworten, die hier angerissen werden, neu zu bedenken: Muss Arbeit Spaß machen? Muss sie „wehtun"? Kann ich mir (noch) leisten, eine Arbeit abzulehnen? Ist mein Wert davon abhängig, was ich „schaffe"?

Seite 49: Jesu Gleichnis stellt einen Gegenentwurf dar. Wie entlohnt Gott? Nicht nach der Leistung, legt das Gleichnis nahe, sondern nach dem, was du brauchst. Die Frage, warum manche Arbeiter erst kurz vor Arbeitsschluss einsteigen, ist unerheblich gegenüber dieser umwälzenden Zusage: Gott will, dass du bekommst, was du brauchst. Trainiert wird der Perspektivwechsel – was für die „Fleißigen" ungerecht erscheinen mag, ist für die, die „zu spät gekommen" sind, überlebensnotwendig.

Seite 50: Wie gut, wenn die Ruhe geschützt ist: Der Mann im Lehnstuhl muss keinen Streit mit dem Musiker nebenan durchfechten, um zu seinem Recht zu kommen. Die Schalldämmung hält, was sie verspricht (Anzeigen-Abbildung einer Schallschutz-Firma); wenn die Botschaft des Bildes entdeckt ist, ist die entscheidende Frage auch für die Texte gestellt: Kann eigentlich mit Zwang eine Ruhe erreicht werden, die guttut?

Seite 51: Katrins Text steht für freiwillige Ruhe, sogar gesuchte Ruhe: Dunkelheit und Licht, Farbenspiel – nur ein Beispiel für Umgebungen, die Ruhe schenken. Eine Erinnerung an das altmodische Wort aus dem Grundgesetz drängt sich auf: seelische Erbauung – kann man die in der Rosette einer Kathedrale finden? Was noch?

Seite 52: Im religiösen Hintergrund des Sabbat steht der siebte Tag der Schöpfung, der christliche Sonntag ist in erster Linie der Tag der Auferstehung Christi von den Toten. Muslime halten den Freitag heilig – drei verschiedene religiöse Traditionen und doch das gemeinsame Empfinden: Das Göttliche hat einen festen Platz im Alltag der Menschen; die Besinnung darauf ist zugleich Geschenk: Komm zur Ruhe, Mensch, komm zu Gott und komm zu dir.

Schritt 4 | Arbeit und Ruhe gehören zusammen

Tipps und Tricks

Still werden – Fantasiereisen

Schülerinnen und Schüler haben Schwierigkeiten damit, Stille zu ertragen. Wenn sie sich allerdings darauf einlassen, sind sie hinterher oft überrascht, wie gut ihnen diese Momente im hektischen Schulalltag tun. Je nach Jahreszeit und Wetterlage bieten sich in diesem Schritt zum Unterrichtseinstieg, aber auch zum Stundenausklang Fantasiereisen an, die in die Zeit passen.

Die Literatur hierzu ist umfangreich und gut für den Einsatz in der Schule geeignet. Beispielhaft sei Else Müller, Du spürst unter deinen Füßen das Gras (auch als CD, für die Kollegen, die nicht selber erzählen können oder wollen) genannt.

Warum nicht einmal eine duftende Kerze anzünden (wenn erlaubt!)?

Oder in Partnerarbeit abwechseln die Hände stützend auf die Schulterblätter des Mitschülers legen und die allmählich aufkommende Wärme erspüren.

Manchmal kennen die Kinder solche Übungen aus der Grundschule, dem Sportunterricht oder dem Einstieg in eine Förderstunde. Die Bilder der Schulbuchseiten können als Ausgangsbasis für die Fantasiereisen dienen.

Seite 46: Schwerfällig verlässt Minna morgens um 4 Uhr ihr Bett – Waschtag – das wird ein hartes Stück Arbeit. Stunde um Stunde muss ich heute in der Waschküche die Wäsche einweichen und dann Stück für Stück mit Seife über dem gerippten Waschbrett sauber schrubben – meine Hände spüre ich kaum vor Schmerzen. Erst als die Wäsche zum Trocknen auf den Leinen hängt, schaut sie in den Himmel und sieht den Wolken zu, wie sie gemächlich vorbeiziehen.

Ähnlich könnte eine Fantasiereise zu dem Bild mit dem Sonntagskleid beginnen, welches die ganze Woche im dunklen Schrank gehangen hat und sich nun auf den nachmittäglichen Spaziergang im sonnigen Park freut …

Arbeitsblatt 7: Was zusammengehört und wer wen hält (I)

Aus: Siegfried Macht, Wenn die Nacht noch dunkel ist. Kanonheft und CD, Leu-Verlag

Lies den Kanontext, bis du den Clou verstehst: Wer hält wen – was könnte das bedeuten?

In diesem Zweizeiler ist etwas über Kreuz verschachtelt... Schreibe die beiden Zeilen mit etwas Abstand untereinander und verbinde mit einem Stift, was sich entspricht: Feiertag - Feiertag, wir - uns. Zeigt euch untereinander, wie ein Kreuz bzw. X entsteht.

Das Kreuz ist das wichtigste Symbol der Christen. Besprecht, ob der Kanontext auch zu dem passt, was ihr über Jesus erfahren und erarbeitet habt.

Singt den Kanon. Nehmt den Gesang auf.

Schritt 4 | Arbeit und Ruhe gehören zusammen

Arbeitsblatt 8: Was zusammengehört und wer wen hält (II)

Ihr braucht den Kanon von Arbeitsblatt 7. Wenn ihr ihn gesungen und aufgenommen habt, lasst ihn im Hintergrund laufen. Es sollen Sterne „konstruiert" werden. Das geht so:

- Immer drei Jungen stellen sich so zu einem Dreieck zusammen, dass jeder auf einem Eckpunkt steht und die drei Seiten durch das Fassen der (im spitzen Winkel) ausgestreckten Nachbarhände gebildet werden.
- Nun stellen sich zu jedem Jungen-Dreieck drei Mädchen und zwar genau vor deren Hände, also vor die Seitenmitte. Die Mädchen fassen jetzt ebenfalls zu einem Dreieck – aber so, dass sie rechts unter den Armen der Jungen hindurch und links drüber weg fassen.
- Einzelne gehen herum und begutachten die entstandenen Sterne. Beschreibt möglichst genau: Sind es Sechsecke? Je zwei Dreiecke?

Dieser Stern – König Salomo führte ihn im Siegel – ist das Zeichen für den Bund, den Gott mit den Menschen geschlossen hat – erklärt, wie dieser tiefere Sinn zu den Sternen, die ihr gebildet habt, passt.

Skizziere den Stern.

Wenn du genau gezeichnet hast, erkennst du nicht nur **sechs** Ecken, sondern auch sechs kleine Dreiecke und dazwischen in der Mitte **ein** Sechseck. Auch darauf weist das Zeichen hin: 6 + 1 = 7, so gehören Arbeitstage und Feiertag, Ruhe und Arbeit zusammen.

Arbeitsblatt 9: Was zusammengehört und wer wen hält (III)

Zum Singen des Kanons bewegt sich jede Sechsergruppe mit sechs kleinen Schritten im Uhrzeigersinn:

Die Schritte erfolgen im Tempo der Viertelnote – der erste Schritt schon kurz vor der ersten Liednote – die Schrittfolge reicht über eineinhalb Takte, wird mehrfach wiederholt, pro Lieddurchgang viermal.

1. Linken Fuß seitwärts nach links stellen
2. Rechts nachstellen
3. Linken Fuß seitwärts nach links stellen
4. Rechts nachstellen
5. Rechten Fuß seitwärts nach rechts stellen
6. Linken Fuß ranstellen

Dabei etwas nach hinten lehnen und spüren wie wir gehalten werden: Öfter als wir ... gehalten haben, hat uns .... gehalten. Man kann nicht nur „Feiertag" einsetzen...

Schritt 5 | Schale und Kern

Weihnachten erleben viele als Kauf- und Geschenk-Orgie. Vieles am Fest ist Äußerliches, Schale. Der Kern heißt Nächstenliebe, Friede, Kommunikation. Gott wird Mensch. Die Schale zu knacken und den Kern zu genießen kann zum Nachdenken und Handeln ermutigen.

Es geht um ...

Der Unterricht öffnet folgende Fragehorizonte:

- Was gehört in meiner Umwelt zu Weihnachten?
- Was gehört für mich zu Weihnachten?
- Warum wird Weihnachten gefeiert, was ist der Kern?
- Was haben Geschenke mit Weihnachten zu tun?
- Welche Bedeutung hat das Kind in der Krippe?
- Welche Wirkung hat die Weihnachtsbotschaft?
- Welche Wirkung könnte sie haben?

Darauf kommt es an ...

Die Schülerinnen und Schüler

- kennen Weihnachtsbräuche und Weihnachtslieder;
- unterscheiden zwischen Schale und Kern des Festes;
- bewerten Bräuche und Lieder nach ihrem Sinngehalt;
- können die Weihnachtsgeschichte des Lukas und die Geburtsgeschichte des Matthäus erzählen;
- können die Weihnachtsgeschichte des Lukas mit der Geburtsgeschichte bei Matthäus vergleichen und die Unterschiede deuten;
- wissen, dass das Hoffnungspotenzial der Weihnachtsgeschichte zum Weitersagen und zum Handeln (schenken, auf andere zugehen usw.) ermutigt und im eigenen Tun zur Entfaltung kommt.

Die Schritte im Einzelnen

Seite für Seite

Seite 53: Die Kleidung von Lisa und Erkan sagt genug: Sommer ist es – vermutlich auch bei Ihnen, wenn Sie diesen Schritt in der vorgeschlagenen Reihenfolge unterrichten. Das kann eine fruchtbare Sache sein: über Weihnachten zu reden, wenn es „nicht anliegt". Da löst sich die Schale leichter vom Kern: Es geht um Christus und mit Schnee hat das herzlich wenig zu tun.

Seite 54: Die Symbolik von „Schale" und „Kern" wird hier ein für alle Mal eingeführt: Sie wird auch in späteren Schritten immer wieder zielführend sein. Den kurzen Text auf einen Menschen (auf mich?) zu übertragen, verstärkt den Eindruck. Auf Schminke, Kleidung, Coolness, Sich-Verstellen kann man kommen, auf den schmalen Grat zwischen Höflichkeit und Lüge, auf Cliquen und Vereine.

Seite 55: Ein Versuch in zwei Lerngruppen hat ergeben: Wenn die „Weihnachts"-Karte gezeigt wird, fallen den Schülerinnen und Schülern andere Lieder ein, als wenn sie zunächst neutral nach Weihnachtsliedern gefragt werden.

Seite 56: Die Weihnachtsgeschichte des Lukasevangeliums gehört auch heute zum kulturellen Grundwissen. Sie ist der bekannteste Bibeltext überhaupt (auch übrigens der Text, mit dem am wenigstens experimentiert wird: Es begab sich aber ...). Es lohnt sich, zweierlei herauszuarbeiten, wieder oder neu zu entdecken: 1) Bloß ein Baby – so ein Aufstand? Was ist ein Baby im Römischen Reich? Was ist ein kleiner Zimmermannssohn gegen den Kaiser Augustus? 2) Was wird über dieses Baby gesagt? Da braucht man Vorwissen: Heiland – einer, der alles heil macht, ein Heiliger, das ist ein Titel für Gott, nicht für ein Baby; Christus – der Gesalbte; alle in Israel warteten auf ihn, auf den zweiten, neuen König David, den Gott ihnen schicken würde, damit er ... (die Römer aus dem Land jagt, den Unrechten Recht schafft, die Kranken heilt, die Trauernden tröstet).

Seite 57: Beim Stöbern im Evangelischen Gesangbuch macht man die Entdeckung, dass Weihnachtslieder die gesamte Heilsgeschichte transportieren, oft von der Krippe bis zum Kreuz; zu keinem anderen Fest ist der Kern des Fests so deutlich im Liedgut verankert, auch in sehr geläufigen Liedern, die selbst kleine Kinder schon mitsingen.

Seiten 58/59: Die Krippe unter der Perspektive des Kreuzes – es lässt sich ermessen, dass Weihrauch, Myrrhe und Gold zu diesem Kind allenfalls als Symbole passen. Und auch die Sterne, die den Weg zum Kind weisen, haben nicht die Eindeutigkeit von Scheinwerferlicht. Es macht Mühe, braucht Fantasie und Aufbruchsgeist, um sie zu entdecken.

Seiten 60/61: Zwei Gebete als Beispiele für den Geist von Weihnachten: ein Vergleich mit der Bergpredigt bietet sich an, z.B. mit „Himmel ist ... / Hölle ist ...", S. 29.

Schritt 5 | Schale und Kern

Tipps und Tricks

Wenn ich „Weihnachten" in der Weihnachtszeit unterrichte:

Schale und Kern – Zeichen entdecken

In der Vorweihnachtszeit sind vielfältige Nusssorten im Handeln problemlos erhältlich. Erdnüsse sind einfach von Hand zu knacken. Wozu dient die Schale und wie schauen die beiden Kerne aus?

Paranüsse sind äußerst schwer zu knacken und der Inhalt klebt fest an der Schale. Warum verpackt die Natur so unterschiedlich?

Auch für uns gibt es Inhalte, die sich leicht erschließen – an manchen Nüssen haben wir lange zu knacken. Schülerinnen und Schüler können in Kleingruppen Karteikarten zum Thema Weihnachten dem Zeichen Erdnuss und dem Zeichen Paranuss zuordnen. Was erschließt sich leicht – was nicht? Auf diese Knackpunkte der Schülerinnen und Schüler kann im Folgenden immer wieder zurückgegriffen werden.

Schenken – den gemeinsamen Nenner finden

Der beste Freund des Menschen ist oft ein Tier. Schülerinnen und Schüler können in einem Markt für Tiernahrung erkunden, welche Produkte zur Weihnachtszeit angeboten werden. Womit soll den Tieren eine Freude gemacht werden? Analog kann eine andere Gruppe von Schülerinnen und Schülern das vorweihnachtliche Angebot in einem Lebensmittelmarkt erkunden. Gibt es Parallelen zu entdecken?

Erzählen – Zuhören üben

Das Vorlesen von Geschichten ist fast völlig in Vergessenheit geraten. Warum die Vorweihnachtszeit nicht besinnlich gestalten und in einer sich immer schneller drehenden Welt im Religionsunterricht bewusst einen Kontrapunkt setzen und entschleunigen? Wer von den Kindern stöbert zu Hause das älteste Buch mit vorweihnachtlichen Geschichten auf? Gibt es eine Großmutter, die alte Geschichten aus ihrer Kindheit erzählen kann? Wie lief ein Heiliger Abend früher ab? Gibt es Plätzchen-Rezepte aus dieser Zeit?

Backen – Gemeinschaft erleben

Mit vorproduzierten Rohteigen aus dem Kühlregal können mit einfachen Förmchen auch im Klassenraum Plätzchen ausgestochen werden. Vielleicht erklärt sich die Hauswirtschaftskollegin bereit diese in der Schulküche zu backen. Auch das gehört zum Kern von Weihnachten: Gemeinschaft erleben. Die kleinen Kunstwerke sind sowohl zum Eigenverzehr geeignet wie aber auch zum Verpacken in hübsche Tütchen, die in der großen Pause verkauft werden und als Spende für Brot für die Welt weitergeleitet werden können.

Die Schritte im Einzelnen

Arbeitsblatt 10: Vom Weihnachtslied zum Protestsong

Ach Herr, du Schöpfer aller Ding,
wie bist du worden so gering,
dass du da liegst auf dürrem Gras
davon ein Rind und Esel aß!

Und wär die Welt vielmal so weit,
von Edelstein und Gold bereit,
so wär sie dir doch viel zu klein –
noch holt das Schwert die Ernte ein.

Das hat also gefallen dir,
die Wahrheit anzuzeigen mir,
wie aller Welt Macht, Ehr und Gut
vor dir nichts gilt, nichts hilft noch tut.

© Siegfried Macht, aus: Die Liederfundgrube, Köln 1986

> - Besorge dir den gewohnten Text zu dieser Melodie.
> - Vergleiche mit dem Original: Lies abwechselnd mit einem Partner die Strophen hier und dort laut vor (EG 24, Str. 7, 8, 10, 12).
> - Was ändert sich an der Aussage des Liedes, worum geht es?
> - Lies Matthäus 25,40 – das ist wie ein „Schlüssel" zum neuen Text ...
> - Martin Luther hat sein Original auch schon nach einer anderen Vorlage geschrieben – Nenne heutige Beispiele für ein solches Verfahren. Nenne Gründe für dieses Vorgehen.

Schritt 5 | Schale und Kern

Arbeitsblatt 11: Fliegen

Engel fliegen
auf Bethlehem zu
worauf fliegst du?

Aus: S. Macht, Große Themen, kurze Texte, © 2002 Patmos Verlag GmbH & Co. KG Düsseldorf

- Lies Zeile für Zeile.

- Versuche eine Antwort.

> Ich fliege (oder stehe) auf …

- Beziehe den unten stehenden Satz von Martin Luther in deine Überlegungen ein.

Woran du
dein Herz hängst,
das ist
dein Gott.

Schritt 6 | Eier – Lebenszeichen

Sprechen wir eigentlich über Ostern oder bloß vom Osterhasen? Aber an den glaubt sowieso keiner. Was glauben wir denn? Wissen wir, was Ostern ist? Glauben wir, dass das Leben über den Tod siegt und dass die Hoffnung zuletzt stirbt – nämlich nie?

Es geht um …

Der Unterricht öffnet folgende Fragehorizonte:

- Was gehört in meiner Umwelt zu Ostern?
- Was hat das Osterfest mit Eiern zu tun?
- Ist Frühling und Ostern im Kern dasselbe?
- Geht es um das Erwachen der Natur, der Lebenskräfte?
- Was ist Auferstehung? Was ist da geschehen?
- Welche Wirkung hat die Botschaft von Ostern gehabt?
- Welche Wirkung kann sie heute haben?

Darauf kommt es an …

Die Schülerinnen und Schüler

- können Symbole des Lebens nennen;
- verbinden Frühlingserwachen und Auferstehungserfahrungen miteinander;
- kennen und deuten den „Osterspaziergang" von Johann Wolfgang Goethe;
- kennen und deuten die Erzählung vom leeren Grab (Mk 16,1-8) und Geschichten vom Erscheinen des Auferstandenen (Joh 20);
- verstehen die Symbolik der kirchlichen Osternacht-Feier und können teilnehmen;
- können das Osterfest nach christlichem Verständnis gestalten und begehen.

Schritt 6 | Eier – Lebenszeichen

Seite für Seite

Seite 65: In einem Buch zur Orientierung im christlichen Glauben heißt es gegen das „Christkind" und für den „Osterhasen": „Was entgeht Kindern, wenn man auf das Christkind als Geschenkbringer verzichtet und Eltern ihre Kinder und sich gegenseitig aus Freude über die Geburt des Heilands beschenken? Mit dem Osterhasen ist das etwas anderes. Als reines Fantasiegebilde mag er so lange Eier verstecken, wie Kinder Spaß daran haben. Danach kann er sich problem- und schadlos in Wohlgefallen auflösen." (Horst Spittler, Bibel, Jesus, Gott und Kirche. Den Glauben verstehen, Göttingen 2007, S. 103).

Seiten 66/67: Annäherungen an den Kern von Ostern. Es hat etwas mit Leben zu tun. Das Ei ist ein Bild – da kann man sehen, wie aus scheinbar Totem neues Leben entsteht. Die Natur zeigt es auch: Ein Fluss, der sich vom Eis befreit (Goethe), die Knospen an den wintertoten Ästen, Blumen und Blüten. Die Zugvögel kommen wieder, werben, bauen Nester. Und die Menschen? Die Sonne macht gute Laune, sie kommen aus den Häusern, „leben auf". Bei all dem darf nicht vergessen werden – das sind Bilder, Symbole, d.h. sie zeigen etwas, weisen aber zugleich weit über sich hinaus, in diesem Fall auf etwas Unvergleichliches: Wir nähern uns dem Geheimnis der Auferstehung Jesu (s.u.).

Seite 68: Der Text – bewusst mit Anklang an das Glaubensbekenntnis – vermeidet alles, was nahelegen würde, dass Christen wortwörtlich und gegen alle Vernunft glauben „müssten", dass ein Leichnam aus dem Grab gestiegen und körperlich weitergelebt habe, als sei nichts geschehen. Wert gelegt wird auf die Zeichensprache: ein Stein, der weggewälzt ist; Licht fällt in das Dunkel der Höhle; ein Engel weist die neue Perspektive: Leben suchen, nicht Tod.

Seite 69: Ist alles wie immer? – Die Frage darf ausgesprochen werden. Jesu Antwort zeigt (wie die des Engels) in eine andere Richtung: Es kommt auf euch an. Es kommt darauf an, dass ihr als Lebende agiert und Lebensperspektiven öffnet. Auferstanden ist Jesus nicht, um selbst nicht tot sein zu müssen; auferstanden ist er, damit die Menschen („Jünger") nicht starr und tot im Zagen und Zaudern verharren.

Seite 70/71: Leben und Tod werden zeichenhaft erlebbar in der kirchlichen Osternachtfeier, die sich nach wie vor großer Beliebtheit erfreut. Gerade ein so „schweres", abstraktes Fest wie Ostern kann man eigentlich nur be-greifen, wenn man Zeichen wirken lässt: Dunkelheit, Licht, Stille, Jubel.

Seite 72: Ostereier als Symbole: Kann da ein Bulldog drauf?

Tipps und Tricks

Treffpunkt Ostern - Basiswissen recherchieren

Zugang zum Thema Ostern kann ein Input an Basiswissen sein. Schülerinnen und Schüler sollen in allen Fächern versuchen, sich diesen Treffpunkt selbstständig zu erschließen und eine Arbeitsfrage zu beantworten, z.B.

Warum wechselt der Termin des Osterfestes im Gegensatz zum Heiligen Abend, der immer am 24. Dezember gefeiert wird?

Begriffe wie Aschermittwoch oder Karwoche können im Internet recherchiert werden. Um sich nicht in dessen Weiten zu verzetteln, sollten Sie Internetseiten, die kindgerecht gestaltet sind, angeben. Nutzen Sie zu Ihrer Vorbereitung die Angebote für Lehrer, z.B. zum.de (Zentrale Unterrichtsmaterialien) und rpi-virtuell.de der Evangelischen Kirche in Deutschland, ebenso die Bildungsserver der Schulministerien.

Die Ergebnisse der Schülerrecherchen werden als Präsentation in das Plenum gebracht. Kriterien, die eine gute Präsentation ausmachen, werden zuvor gemeinsam erarbeitet und reflektiert. Ein Evaluationsbogen (Arbeitsblatt 1, S. 48), der die Stärken und Schwächen der jeweiligen Präsentation verschriftlicht, dient bei der nächsten Präsentation als Basiswissen für die Weiterarbeit.

Ostern - erleben und gestalten

Das Ei als Symbol des Lebens. Als fächerübergreifendes Projekt könnten in Zusammenarbeit mit dem Fach Biologie befruchtete Eier in einem Brüter bis zum Schlüpfen beobachtet werden.

- Leben entsteht immer wieder aufs Neue – immer wieder ein Wunder.
- Auferstehung – ein Wunder?
- Was ist der Kern der christlichen Botschaft, der sich aus der Schale herauskristallisiert?

Teile von Hühnereierschalen können problemlos von den Schülerinnen und Schülern beschriftet und bemalt werden und zu einem österlichen Mosaik auf eine Pappe aufgeklebt werden.

Osterbuch - Ganzschriftlektüre üben

Es gibt, speziell für den Religionsunterricht in den Klassen 3 bis 6 konzipiert, eine elementare Lektüre zum Thema: Edeltraud Beer, Was machen Krokusse im Winter?, Göttingen 2007. Auf nur 24 Seiten mit vielen Illustrationen geht es um die Frage, ob die Hoffnung auf Leben größer sein kann als das, was in der Natur an Werden und Vergehen zu beobachten ist. Schüler, die sich darauf einlassen, haben das Erfolgserlebnis, ein Buch durchgelesen zu haben – das, auch wenn es „leicht" ist, schwer zu denken gibt.

Schritt 6 | Eier – Lebenszeichen

Arbeitsblatt 12: Eine Präsentation auswerten

.... (Thema)

Beobachtungspunkte	Bemerkungen	Bewertung -2 -1 0 +1 +2
Erfolge Was lief gut?		
Probleme Welche Schwierigkeiten? Ursachen?		
Änderungsvorschläge Anregungen		
Allgemeines Was hat mich überrascht? Was hat mich geärgert?		
Meine Fragen an die Gruppe		

Unterschrift: ....

Die Schritte im Einzelnen

Arbeitsblatt 13: Gospelsong vom großen Aufstand (I)

Aus: S. Macht, Noch lange nicht ausgedient, © Strube Verlag GmbH, München-Berlin

Jesus stand auf
dem Standpunkt Gottes.

Jesus stand auf
dem Boden der Liebe.

Jesus stand auf
dass der Sturm sich legte.

Jesus stand auf.

Jesus stand auf.

Jesus stand auf
der Abschussliste.

Jesus stand auf
dem Standpunkt Gottes.

Jesus stand auf
von den Totgesagten.

Jesus stand auf.

Jesus stand auf.

Schritt 6 | Eier – Lebenszeichen

Arbeitsblatt 14: Gospelsong vom großen Aufstand (II)

- Singt das Lied gemeinsam (mit Gitarre).
- Inszeniert das Lied wie in einem Film oder Theaterstück: Steht zum Singen vom Aufstand wirklich auf - *nacheinander* in kleinen Gruppen - so dass immer mehr mitsingen und es immer lauter wird!
- Der Liedtext „spielt" mit dem Verb „auf(er)stehen". Markiere und erläutere diese Stellen.
- Spiele selbst mit den unten abgedruckten Worten. Schreib drumrum – allein oder in der Vierer-Gruppe.

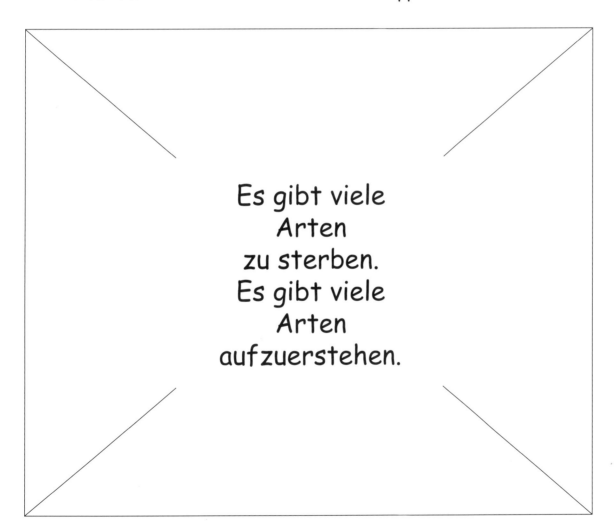

Es gibt viele Arten zu sterben.
Es gibt viele Arten aufzuerstehen.

Schritt 7 | Vatertag

Ist der Donnerstag 40 Tage nach Ostern bloß ein Wandertag mit Alkohol und Spaß? Vatertag und Muttertag sind außerdem als besondere Tage bekannt, an denen man Vater bzw. Mutter verwöhnt. Dass der Himmelfahrtstag als kirchliches Fest zwischen Ostern und Pfingsten einen anderen Sinn hat, ist jedoch kaum noch erfahrbar.

Es geht um ...

Der Unterricht öffnet folgende Fragehorizonte:

- Was gehört in meiner Umwelt zu „Vatertag"?
- Was gehört für mich zu „Vatertag"?
- Warum wird Himmelfahrt gefeiert, was ist der Kern?
- Was bedeutet „Himmel"? Wo ist eigentlich der Himmel?
- Wenn Jesus im Himmel ist – was haben wir davon?
- Was könnte Jesu „Himmelfahrt" uns bedeuten?

Darauf kommt es an ...

Die Schülerinnen und Schüler

- kennen die Stimmung, die mit „Vatertag" gemeint ist;
- unterscheiden zwischen „Vatertag" und Himmelfahrt;
- unterscheiden lebensweltliche Erfahrungen mit Vätern und die Bedeutung, die „Vater" als Zeichen/Symbol hat;
- unterscheiden zwischen „sky" und „heaven";
- kennen die Himmelfahrtsgeschichte (Apg 1) und können erläutern, was die Erfahrung des Weggangs Jesu für die Jünger bedeutet hat;
- können die Himmelfahrtgeschichte als Hoffnungsgeschichte erzählen und deuten.
- können Himmelfahrt nach christlichem Verständnis begehen und feiern.

Schritt 7 | Vatertag

Seite für Seite

Seite 74/75: Krasser kann der Schnitt kaum sein – der Donnerstag zehn Tage vor Pfingsten ist doppelt besetzt, wobei die eine Seite – Himmelfahrt – nahezu das „Geheimwissen" einer kleinen Gemeinde ist, die sich möglicherweise zum ökumenischen Freiluftgottesdienst im Park trifft. „Himmel" und „Vater" mögen die zwei kleinsten gemeinsamen Nenner sein, die die zwei Hälften des Tages zusammenbringen.

Was zu dem Symbol *Himmel* zu entdecken wäre, ist in Schritt 2, Schülerbuch S. 29, angelegt: Neben dem optisch erkennbaren Himmel, an dem die Sterne stehen und die Flugzeuge fliegen, gibt es einen ideellen Himmel – Reich Gottes, Welt der Hoffnungen und Visionen. Schüler kennen die Rede vom „Siebten Himmel", Großeltern und evtl. Eltern kennen und transportieren Jenseitsvorstellungen: „Oma ist jetzt im Himmel". Es ist wichtig, diese beiden „Himmel" zu unterscheiden, um der Enttäuschung vorzubeugen, dass der mit dem Flugzeug erreichbare Himmel „leer" ist. Gott im Himmel ist nicht (unbedingt) oben – Jesu Himmelfahrt ist etwas anderes als ein Raketenstart. Die Worte der Engel (Apg 1, 11) sind der Schlüssel zum Verständnis: Was steht ihr da und seht zum Himmel?

Der Himmel, der ist, ist nicht der Himmel, der kommt,
wenn einst Himmel und Erde vergehen ... (Kurt Marti, s. EG 153)

Auch die Rede vom *Vater* ist symbolisch zu verstehen – wobei sich das Symbol umso schwieriger erschließt, je unbefriedigendere Erfahrungen mit irdischen Vätern von außen herangetragen werden. Es gilt zu trennen zwischen „Peters Vater" und dem, was Jesus unter „Vater" versteht: Die Bilder vom Vater im Gleichnis vom verlorenen Sohn, vom Hirten, der die Herde rundum behütet, vom Vogel, der die Jungen unter seine Fittiche nimmt, sind hier zu vergegenwärtigen. Ob der historische Jesus eine exklusive Gottes-Sohnschaft für sich in Anspruch nahm, ist ungewiss – dass er verkündete, alle Menschen seien Kinder Gottes, ist hingegen unbestritten: „Vater unser im Himmel ..."

Seite 76: Auf der vorherigen Doppelseite hat es sich schon angebahnt: Beim Blick nach oben bzw. dem Blick ins Leere („Er ist nicht mehr da") muss es nicht bleiben. Wenn nicht nur Jesus, sondern jeder Mensch Gottes Kind ist, so der Duktus der Evangelien, dann können sie auch selbst gottgemäß weiterleben und -handeln.

Tipps und Tricks

Kirchenjahr – wiederholen, vertiefen

Dem RU wird (u.a.) zum Vorwurf gemacht, Inhalte würden nur wenig wiederholt und vertieft. Nehmen Sie den unbekannten Feiertag „Himmelfahrt" zum Anlass, den Jahresfestkreis zu wiederholen (falls bekannt) oder einzuführen (mit S. 82 im Schülerbuch); im zweiten Fall wird er dann in Schritt 8 wiederentdeckt und seine Kenntnis vertieft. Lassen Sie mit der RELi-Mappe ein Inhaltsverzeichnis führen, so dass Inhalte, die einmal drangewesen sind, von den Schülerinnen und Schülern leicht wiedergefunden werden können. Ohnehin sollte die RELi-Mappe den Unterrichtsverlauf übersichtlich dokumentieren. Achten Sie darauf, dass (und was) mitgeschrieben wird, dass die Mitschriften Überschriften haben (mit Datum), dass sie – bei aller individuellen Gestaltung – richtig sind.

Vater – erfahrungsorientiert unterrichten

In einem klassischen Brainstorming zum Thema Vater fallen oft erschreckende und überraschende Stichworte. Das Wort Alkohol gehört dazu. Viele Schülerinnen und Schüler haben die Erfahrung gemacht, dass Vatertag ein Tag zum Betrinken ist. Familiäre Gemeinschaft ist an diesem Tag kaum erfahrbar. Himmelfahrt scheint weiter weg als der Horizont. Das Schreibgespräch hilft, individuellen Erfahrungen Raum zu geben, „geschützt" ins Gespräch zu kommen und über die eigene Lebenssituation hinaus zu neuen Entdeckungen zu kommen. Die Schritte im Einzelnen:

> - Einzelarbeit: Beschreibe „Vatertag".
> - Partnerarbeit/Gruppenarbeit: Gegenseitiges Lesen und Kommentieren (schriftlich, still); in der Gruppe reicht jedes Mitglied sein Blatt nach rechts und erhält von links ein anderes.

Eine Rückbindung / Wiederholung „Vaterunser" bietet sich an (s.o., vertiefen!)

Aufgefahren in den Himmel – gestalten (Stuhltheater)

Drei Stühle werden vorn in der Klasse aufgestellt und mit Schildern versehen: Jesus, Jünger, Beobachter. Schülerinnen und Schüler gehen nach vorn und nehmen die beschriebene Persönlichkeit an. Sie stehen der Klasse Rede und antworten und/oder kommen untereinander ins Gespräch. Gewechselt werden darf nach Bedarf.

Projekt – Zur Wiederentdeckung des Himmelfahrt-Fests aufrufen

Die aktuelle Politik ist im Begriff, nach dem Buß- und Bettag weitere Feiertage abzuschaffen. Welche Zielsetzung würde sich eine solche Initiative bei ihrer konstituierenden Sitzung geben? Wer sind die Adressaten und wie können Argumente zusammengetragen werden, die im christlichen Glauben begründet sind?

Schritt 7 | Vatertag

Arbeitsblatt 15: Geht er oder kommt er?

Himmelfahrt heißt nicht: Jesus ist fort.
Himmelfahrt heißt: Christus ist da.
Christus ist da, wo Gott ist.
Nämlich immer an unserer Seite,
immer und überall.
Deswegen war sein letztes Wort:
Ich bin bei euch alle Tage
bis an das Ende der Welt.

> Als zweite Stimme, wenn andere betonen,
> dass er aufgefahren ist und dort oben regiert,
> als zweite Stimme singe ich dann
> von dem Stückchen Himmel
> das unter uns ist
> mit ihm unter uns.

Eine dritte Stimme sogar
lasst uns singen
eine dritte Stimme
lasst uns hören
dass er nicht untergeht unter uns
dass er aufgeht wie die Sonne,
dass er einzieht in uns …

© Siegfried Macht

> ➤ Beschreibe, mit was für einer Art Text du es hier zu tun hast.
> ➤ Beantworte die Frage über dem Text mit einem eigenen Text oder einem Bild.
> ➤ Schreib eine vierte „Strophe" zu dem Text.

Die Schritte im Einzelnen

Arbeitsblatt 16: Weg – oder?

Der Pfarrer stellt ein großes Glas auf die Kanzel, füllt Wasser ein, gibt Salz hinzu. Das Salz sammelt sich auf dem Boden. Jetzt schüttelt er, rührt um, und: Das Salz ist weg – oder?
Der Pfarrer sagt, das sei seine Predigt zu Himmelfahrt und Pfingsten. Dann geht er.

Zeichne den Vorgang in drei Schritten.

Zu Hause erklärt der Pfarrer seiner Frau:

_____
_____
_____
_____
_____
_____
_____
_____
_____

Schritt 8 | Heilige Zahlen

Die 13 ist die Unglückszahl, die 7 eine Glückszahl. Aberglaube spielt hier mit. Aber Zahlen legen auch Spuren, zum Beispiel durchs Kirchenjahr. Folgen wir ihnen – bis Pfingsten und weiter.

Es geht um …

Der Unterricht öffnet folgende Fragehorizonte:

- Welche Feste werden im Frühjahr/Frühsommer gefeiert?
- Welche Bedeutung haben Zahlen in der Umwelt?
- Welche Bedeutung haben Zahlen in der Religion?
- Was für christliche Feste werden im Lauf des Jahres gefeiert?
- Wie unterscheiden sich der evangelische und der katholische Festkreis?
- Pfingsten, Wind und Feuer – wie hängt das zusammen?
- Welche Wirkung hatte der Heilige Geist nach biblischer Überlieferung?
- Welche Wirkung könnte der Heilige Geist heute haben?

Darauf kommt es an …

Die Schülerinnen und Schüler

- können Feste im Kirchenjahr nennen und einordnen;
- können Feste im Kirchenjahr feiern;
- kennen die kulturelle Bedeutung der Zahlen 7 und 12 und können Beispiele nennen;
- kennen die religiöse Bedeutung der Zahlen 7, 12, 40 und können dazu biblische Geschichten erzählen;
- kennen Symbole für den Heiligen Geist und können sie deuten;
- wissen, dass die christliche Kirche Pfingsten als ihren Geburtstag feiert, und können diese Vorstellung begründen.

Die Schritte im Einzelnen

Seite für Seite

Seite 79: Die Konzeption dieser Seite führte zu einer Diskussion darüber, was an Vorwissen abzurufen wäre: Sind Märchen bekannt? Sieben Weltwunder? Ist die Schöpfungsgeschichte mit ihrem 7-Tage-Rhythmus selbstverständlich präsent? Im Sinn von „zusammen wissen wir mehr" sollten einige Assoziationen zu sammeln sein. Was an der 7-Tage-Schöpfung wichtig ist: Der Erzähler traut Gott einen großen Ordnungssinn zu: Alles wird schön der Reihe nach erledigt und alles nach dem gleichen Muster: Gott sprach – es ward; Gott sah an – sah, dass es gut war; dazu für Tiere und Menschen der Segen. Wichtig auch: Das Licht ist vor Sonne, Mond und Sternen, Gottes Wille zur Welt ist vor der Welt – sprich: Gott hält die Welt in seiner Hand. Für den siebten und wichtigsten Tag: Rückverweis auf Sabbat und die Sabbatruhe.

Seiten 80/81: Erfüllte Zeit und Heiliger Geist – das sind die Chiffren, die es gilt mit Leben zu füllen. Den Jüngern mag es eher vorgekommen sein wie ein Abschied auf Raten: Karfreitag, die (zuerst nicht verstandene) Auferstehung, Himmelfahrt, Pfingsten – am Ende ist Jesus weg, die Gefahr für seine Anhänger unverändert präsent und so richtig verstanden hatte man nichts. Aber eben das, so meint es jedenfalls der Verfasser der Apostelgeschichte, eben das änderte sich zu Pfingsten. Von da an trauten sie sich hinaus, von da an hatten sie etwas zu sagen. Die Zeit der Trauer, des Noch-nicht-reif-Seins ist vorbei (erfüllt), sie haben mehr Mut, mehr Fähigkeiten, mehr Durchblick und Überzeugungskraft, als sie eigentlich von sich aus hatten. Das war ein neuer Geist, der sie trieb, einer von außen (von oben) – Heiliger Geist.

Die Rede von erfüllter Zeit kann lebensweltlich Sinn machen nach Trauer und Schmerz: einmal ist es vorbei damit, nur zurückzuschauen auf das, was man verloren hat; dann geht der Blick wieder nach vorn (früher gab es feste Trauerzeiten).

Die Rede vom Heiligen Geist kann lebensweltlich Sinn machen in Aufbruchsituationen, in Herausforderungen und Notlagen, wenn einer plötzlich über sich hinauswächst. Dass so etwas möglich ist – darauf zu vertrauen, das beflügelt.

Seiten 82/83: „Lasst die Illustrationen weg – die zeigen ja wieder die „Schale", protestierte einer im Autorenteam. Eine Diskussion ist es wert. Vielleicht nehmen die Schülerinnen und Schüler den Hasen, den Weihnachtsstern und den Löwenzahn zum Anlass, zu wiederholen: Was steckte noch einmal für ein Kern unter der Schale?

Schritt 8 | Heilige Zahlen

Tipps und Tricks

Lieblingszahlen – schülerorientiert einsteigen

Zu Beginn kann ein Meinungsbild über die Lieblingszahlen der Schülerinnen und Schüler eingeholt werden. Die Verteilung wird an der Tafel und/oder im Heft als Säulendiagramm dargestellt. Welche Zahlen sind besonders beliebt? Warum hast du gerade diese Zahl gewählt? Sprichwörter und Redewendungen werden zugeordnet. „Nimm zwei", „Aller guten Dinge sind drei" oder „Elf Freunde sollt ihr sein".

Bibel-Zahlen – nachschlagen üben

In der Wortkonkordanz werden Bibelstellen nachgeschlagen, in denen Zahlen vorkommen. Geeignet ist ein Arbeitsblatt wie **AB 17**. Auswertung: Gibt er verbindende Elemente zwischen den Bibelstellen und den Lieblingszahlen der Schülerinnen und Schüler?

Jahreskreise – Wissen vernetzen

Anhand des Kreises des Kirchenjahres können die unterschiedlichen Zahlen bestimmten Zeiträumen zugeordnet werden. Die Treffpunkte Ostern, Pfingsten und Jesus Christus werden miteinander in Beziehung gesetzt. Damit tun Sie etwas gegen den Vorwurf, Inselwissen zu vermitteln und ermöglichen den Schülerinnen und Schülern sinnstiftend - verknüpfendes Lernen. Der Wiedererkennungseffekt trägt positiv zur Motivation der Schüler bei. In der Anwendung (Wiederaufnahme des schülerorientierten Einstiegs) können Schülerinnen und Schüler ihren persönlichen Jahreskreislauf mit für sie bedeutsamen Zeitspannen und Daten gestalten. Eckpunkte können Geburtstag, Ferienbeginn, Familienfeste oder ein Sportturnier sein.

7 Wunder – an Projekten arbeiten

Als fächerverbindendes Projekt können die sieben Weltwunder der Antike im Fach Geschichte erarbeitet werden. Dazu gehören auch die Pyramiden in Ägypten und weiterführend die Geschichte mit den zehn (!) Plagen. Auch mittelalterlicher Aberglaube könnte im Geschichts- und Religionsunterricht thematisiert werden. Freitag, der 13. als Unglückstag. Auch mit dem Fach Deutsch ist eine Zusammenarbeit denkbar, da der Lehrplan das Thema Märchen in den Klassen 5 und 6 vorsieht. Auch hier spielen Zahlen oftmals eine Schlüsselrolle.

Zum Festhalten

In allen Kulturen und Zeitepochen kommt bestimmten Zahlen eine besondere Bedeutung zu; auch heute haben Zahlen eine allgemein verständliche Symbolik.

Arbeitsblatt 17: Bibelquiz

1	2	3	4	5
6	7	8	9	10
11	12	20	40	100 und mehr

Schlag in der Bibel nach: Welche Zahlen kommen vor? Trage jeweils einen Strich in die Tabelle ein. Nenne am Ende den Spitzenreiter unter den genannten Zahlen sowie die Verlieren (die keine Nennung haben). Wer ist zuerst fertig?

1 Mose 2,2: Und so vollendete Gott am ……. Tag seine Werke, die er machte, und ruhte.

1 Mose 5,3: Und Adam war …… Jahre alt und zeugte einen Sohn.

1 Mose 6,10: Noah wandelte mit Gott. Und er zeugte ……… Söhne.

1 Mose 7,4: Denn von heute an in ……… Tagen will ich es regnen lassen auf Erden.

1 Mose 7,24: Und die Wasser wuchsen gewaltig auf Erden ……. Tage.

1 Mose 8,6: Nach ……. Tagen tat Noah an der Arche das Fenster auf.

1 Mose 29,20: So diente Jakob um Rahel ……. Jahre.

1 Mose 35,22: Es hatte aber Jakob ……. Söhne.

1 Mose 41,2: … hatte der Pharao einen Traum, er stünde am Nil und sähe aus dem Wasser steigen ……. schöne, fette Kühe.

Mit wie viel Plagen ängstigt Mose den Pharao (2 Mose 11)? Wie viele Gebote erhält Mose am Sinai (2 Mose 20)? Wie viele Geschenke bringen die Weisen aus dem Morgenland (Matthäus 2,11)? Wie viele Jünger hat Jesus (Markus 3,13–19)? Wie lange fastet Jesus (Matthäus 4,2)? Wie viele Versuchungen hält der Teufel für Jesus bereit (Matthäus 4,1–11)? Wie viel Fische und wie viele Brote reichen Jesus, um 5000 Menschen satt zu machen (Johannes 6,9)? Am wie vielten Tag steht Jesus von den Toten auf (1 Kor 15,4)?

Schritt 8 | Heilige Zahlen

Arbeitsblatt 18: Pfingsten als Erntefest

Zum Lied „Siebenmal sieben und eins" (S. 80 im Schülerbuch) könnt ihr tanzen – einen Ernte- oder Geburtstagstanz.

Aufstellung im Kreis mit Blick zur Mitte, Hände beider Nachbar(inne)n locker herabhängend gefasst.

Takt	Zeit	Bewegung
0	2	Seitwärts wiegen: - nach **links**
1	1	- nach **rechts**
	2	**links** seitwärts nach links
	+	**rechts** nach links seitwärts nachstellen
2	1	**links** seitwärts nach links

Die Figur nun „gegengleich" (= seitenvertauscht) wiederholen, d.h.:

	2	Seitwärts wiegen: - nach **rechts**
3	1	- nach **links**
	2	**rechts** seitwärts nach rechts
	+	**links** nach rechts seitwärts nachstellen
4	1	**rechts** seitwärts nach rechts

Dann

4	2	Schritt mit links **vorwärts** zur Mitte
5	1	rechts vorwärts zur Mitte
	2	links vorwärts zur Mitte
6	1	rechts vorwärts
	2	links **rückwärts**
7	1	rechts rückwärts
	2	links rückwärts
8	1	rechts rückwärts

Ganz von vorn… Nun noch während des Vor- und Rückwärtsgehens zwischen den Schritten klatschen.

Deute den Tanz:
- als Erntetanz: Was bedeuten die Bewegungen?
- als Geburtstagstanz: Was bedeuten die Bewegungen?

Schritt 9 | Urlaubspost aus Istanbul

Wir haben muslimische, meistens türkische Kinder in der Klasse. Auch in Film und Fernsehen geht es um den Islam. Aber was wissen wir schon? Was wollen wir wissen? Es geht auch um „Heimat", um Wurzeln ...

Es geht um ...

Der Unterricht öffnet folgende Fragehorizonte:

- Wo bin ich zu Hause?
- Fremdsein – wie fühlt man sich da?
- Fremdsein – was hilft gegen Heimweh und Einsamkeit?
- Wie sollte man Fremde behandeln?
- Was gehört zur muslimischen Glaubenspraxis?
- Was bedeutet „Islam" und was sind seine wichtigsten Glaubenssätze?
- Was kann der eigene Glaube einem Menschen bedeuten?

Darauf kommt es an ...

Die Schülerinnen und Schüler

- differenzieren zwischen Herkunft und Heimat;
- wissen, dass der Islam nicht nur in der Ferne eine Rolle spielt;
- kennen die Fünf Säulen des Islam und können sie erläutern;
- kennen das Glaubensbekenntnis des Islam und setzen es zu ihrem Gottesbild in Beziehung;
- kennen islamische Orte und Gegenstände der Glaubenspraxis und setzen sie zu christlichen in Beziehung (Moschee – Kirche; Bibel – Koran; Gebetskette – Rosenkranz;
- wissen, dass Islam und Christentum ihre Wurzeln im Judentum haben, und können sich an interreligiösen Gesprächen beteiligen.

Schritt 9 | Urlaubspost aus Istanbul

Seite für Seite

Seiten 87-89: Erkan hat Probleme mit der bunten Ansichtskarte aus Istanbul. Als in Deutschland geborenes Kind türkischer Herkunft fühlt er sich in Deutschland zu Hause. Seine Großeltern aber leben in der Türkei. In den Ferien werden sie besucht. Insofern ist Istanbul für Erkan tatsächlich „Urlaub" – andererseits beschwört der Großvater Heimatgefühle.

Eine Stadt als „Sehenswürdigkeit" zu beschreiben oder zu besichtigen, ist das eine: Die Schülerinnen und Schüler spüren es im Perspektivenwechsel – wenn sie nämlich ihre eigene Stadt Touristen präsentieren. Das andere: sich dort daheim zu fühlen. Was gehört dazu? Dass ich mich auskenne, dass ich weiß, wo man sich trifft, wo es das beste Eis gibt ...?

Seite 90: Türke zu sein hat für Erkan eine andere Dimension: Er ist (nahezu „automatisch") Muslim. Es ist sicher falsch, zu idealisieren: Die Türken sind viel frommer als Deutsche, die kaum noch wissen, dass sie in christlicher Tradition stehen und eigentlich „automatisch" Christen sein sollten. Dass das nicht stimmt, erleben Lehrerinnen und Lehrer, wenn sie muslimische Schüler nach dem Islam fragen; sie stoßen sowohl auf Frömmigkeit als auch auf Unwissen, Halbwissen, Gleichgültigkeit. Dennoch, für Erkan mag es gelten und Anlass zur Diskussion geben: Da kann einer sagen: Nein, nicht in Istanbul, aber im Islam bin ich zu Hause. Kann Religion ein Zuhause sein? Liegt das am Islam? Oder ginge das auch mit dem Christentum ...?

Seite 91: „Das Foto sollten wir nicht nehmen" – wieder eine Stimme aus dem Team. „Es könnte Muslimen peinlich sein, wenn wir eine so schlichte Moschee zeigen." Der Gedanke sollte aufgenommen werden. Es geht wieder einmal um Schale und Kern. – In einer Höhle hat Mohammed seine Offenbarung erfahren!

Die Schritte im Einzelnen

Tipps und Tricks

Wenn einer eine Reise tut – Erfahrungen abrufen

Viele Schülerinnen und Schüler haben schon einmal einen Urlaub im Ausland gemacht. Methodisch bietet es sich daher an, hier an Erfahrungen anzuknüpfen.

Besuchen Sie meine Stadt – gestalten

Für die Weiterarbeit mit der Postkarte (S. 88 im Schülerbuch) erstellen wir einen Werbeflyer für die eigene Stadt/den eigenen Ort als Touristenziel.

Hierzu wird ein DIN A 4 Blatt waagerecht gelegt und gedrittelt.

So entstehen eine Titelseite und weitere fünf Drittelseiten, die zu unterschiedlichen Themenbereichen bearbeitet werden können (Sportangebote, Freizeit, Sehenswürdigkeiten wie Kirchen etc.). Kenntnisse über regionale Geschichte werden reaktiviert bzw. neu erworben. Die kreative Auseinandersetzung dient der Rückbindung an die vorangegangene Seite „Urlaubspost" (S. 87 im Schülerbuch) mit dem Schwerpunkt „sich Zuhause fühlen" wie auch der Vorbereitung auf die folgende Seite „Fern": Argumentationshilfen für die Aufgaben dort werden angebahnt.

Der „Werbeflyer" kann einer Antwortkarte für den Großvater von Erkan beigelegt werden und kann verdeutlichen, dass „fremd" nicht immer fremd sein muss.

Schritt 9 | Urlaubspost aus Istanbul

Arbeitsblatt 19: Gottes Haus – fremde Heimat…?

Lisas Kusin Philipp ist schon konfirmiert. Er sagt, sein Konfirmationsspruch sei etwas mit: „Ich liebe deine Kirche, Gott" – sieh nach, wie der Spruch richtig heißt: Psalm 26,8. Schreib ihn auf. Hat Philipp ihn richtig verstanden? Nimm Stellung.

Zum Weiterdenken:

> - Erkan sagt: Meinen Glauben trage ich mit. Gestalte diesen Gedanken – als Bild, Symbol, Gedicht o.Ä.
> - Wie müsste eine Kirche sein, damit du dich wohl fühlst – damit du dich daheim fühlst?
> - Urlaub ist toll – gerade weil man nicht daheim ist… Manches wird langweilig, weil… Das Alltägliche ist nichts Besonderes… Wie ist das mit dem Glauben und der Kirche (mit Gott, dem „Heiligen")? Wie viel Fremdheit – wie viel Vertrautheit soll/muss/kann/darf da sein?

Die Schritte im Einzelnen

Arbeitsblatt 20: Wohin du auch gehst …

1. Für manche Christen ist Psalm 23 wie ein Bauplan für die Kirche und ihren Lebensweg – erkläre das mit Hilfe der folgenden Kärtchen, schneide sie auseinander, mische sie. Sortiere sie neu.

Psalm 23	Kirche	Im eigenen Leben
Frisches Wasser	Taufbecken	Getauft
Rechte Straße	Mittelgang	Auf dem Lebensweg begleitet
Finsteres Tal	Kreuz	In Leid und Kummer nicht allein gelassen
Tisch, schenkest mir voll ein	Altar, Abendmahls-Kelch	Gegenwart Gottes, Abendmahl Wohlergehen

2. Schreib los: Der Psalmbeter sagt mir, wie wichtig frisches Wasser ist, auch im übertragenen Sinn: …
Hefte deinen Text in deine Mappe. Welche Überschrift wählst du?

Schritt 10 | Ich bin

Ich bin ... ja, was? ja, wer? Nicht nur Jugendliche haben Identitätsfragen. Aber gerade in der Pubertät brechen sie auf, werden drängend und lebensbestimmend. Himmelhoch jauchzend, zu Tode betrübt – zweifeln müssen, glauben wollen – irgendwo dazwischen.

Es geht um ...

Der Unterricht öffnet folgende Fragehorizonte:

- Wie sehen mich die anderen?
- Wer mag mich?
- Gibt es Bedingungen dafür, dass man mich mag?
- Welche Bedingung kann/soll/will ich erfüllen?
- Was heißt das: Geschöpf sein? Was bedeutet Schöpfung?
- Hat Gott mich geschaffen?
- Wenn Gott mich geschaffen hat – was hat er sich dabei gedacht?

Darauf kommt es an ...

Die Schülerinnen und Schüler

- reflektieren ihr Selbstbild und kennen ihren Selbstwert;
- wissen, dass sie manchmal mit sich selbst Probleme haben;
- können ansatzweise beschreiben, was in ihnen vorgeht;
- stellen die Frage nach dem Sinn des Lebens und probieren Antworten;
- kennen die Antwort der Bibel auf die Sinnfrage: „Und Gott sah alles an, was er gemacht hatte, und siehe: Es war sehr gut."
- gehen mit der Zusage Gottes „Du bist mein" kreativ um und beziehen sie auf ihr Leben.

Die Schritte im Einzelnen

Seite für Seite

Seite 93: Lisa beschreibt sich selbst, indem sie erzählt, was andere über sie sagen. Das Fazit für sich selbst muss sie noch ziehen. Auffällig: Sie sitzt vor einem Fotoalbum. Auch aus Erinnerungen setzt sich Identität zusammen. Wie gesagt: Das ist nicht alles.

Seite 94: Ein weiterer Aspekt der Identitätsfindung: Wie sehe ich mich selbst? Wie sähe ich mich gern? Ist mein Selbstbild vielleicht hoffnungslos übersteigert? Oder tut es mir gut, so groß von mir zu denken. Zu dem Löwe-im-Spiegel-Motiv gehört der Spruch: „Selbstvertrauen macht dich unheimlich stark".

Seite 95: Außen- und Innenansichten: Wie wichtig sind Kleidung, Stärken und Schwächen, Vorlieben, Träume für das, was ich bin? Was ist so wichtig, dass es darüber entscheidet, ob ich jemanden mag?

Seite 96: Eine Menge Aspekte der Identität sind schon zusammengekommen. Es stellt sich die Frage des Zusammenfügens: Sind es Facetten? Sind es nur Scherben? Was hält mein Leben, mein Ich zusammen? Nina fragt: Wer? Wer hat mich gemalt?

Seite 97: Das war Gott, antworten die Schöpfungsgeschichten der Bibel. Gott hat mich sich ausgemalt (als Ebenbild = liebend wie er, schöpferisch wie er, bewahrend wie er), gedacht (er sprach und es ward) und gemacht (aus Ton vom Acker und mit seinem Atem). Das Bild von Sieger Köder verwendet das Gottessymbol Hand – und darin liegt alles: Gestirne, Meer und Land, Lebewesen, Mann und Frau. Und auch die Schlange. Die rote Kugel ist den Händen am nächsten – das Leben, die Liebe? Das Bild symbolisiert mehr als: „Gott hat mich gemacht." Hinzu kommt: „Gott hat mich mit Absicht gemacht und mit Liebe." Und: „Gott hält mich."

S. 98: Das Lied wirkt am stärksten, wenn es gehört, besser noch: gesungen wird (s. Arbeitsblatt 1). Es kommt auf die Unvergleichlichkeit des Einzelnen an, auch auf seine Unersetzbarkeit und Unwiederbringlichkeit. Wie oft werden Jugendliche später im Arbeitsleben hören: Ihre Arbeit können 100 andere ebenso gut machen. Hier geht es um mehr als Funktionen und Rollen – hier geht es um die Vielfalt des Lebens – der Schöpfung – in der nur die unendlich vielen Facetten das Ganze ergeben.

Schritt 10 | Ich bin

Tipps und Tricks

Tagebuch – sich selbst kennenlernen

Für den Verlauf von Schritt 10 (auch 11 und 12) führen die Schülerinnen und Schüler Tagebuch. Wählen Sie eine attraktive Form: Hefte aus mehreren Lagen farbigem Papier werden (evtl. mit Zacken- oder Bogenrand-Schere) ausgeschnitten, handgeheftet, im Aufschlag gelocht, so dass sie mit einem Band verschlossen werden können (geheim!). Ein Etikett wird aufgeklebt und verziert.

Praktisch ist es, die Zeit zum Tagebucheintrag im RU selbst zu gewähren: Die Stunde schließt immer nach 35–40 Minuten und die Kinder können in Ruhe ihre Gedanken, Ängste und Gefühle in das Tagebuch schreiben.

Es ist denkbar, dass das Tagebuch aus einer „öffentlichen" und einer „nicht öffentlichen" Hälfte besteht. Im „öffentlichen" Teil werden Meinungen abgegeben zum Thema: „Gut gefallen hat mir heute, dass ..." und „Ich habe heute gelernt, dass ..." oder „Meine Mitarbeit heute war...". Hier ist eine Farbgebung zur Auswertung sehr hilfreich. Frage Nummer eins immer in grün, Nummer zwei in blau und Nummer drei in orange. So lassen sich bei flüchtigem Hinschauen bzw. Herzeigen Präferenzen ausmachen. Wo gibt es die ausführlichsten, wo die knappsten Einträge?

Aus solchen Antworten lassen sich nach einer Unterrichtsreihe im Sinne einer gemeinsamen Evaluation fruchtbare Erkenntnisse zur Optimierung der weiteren Lernprozesse gewinnen. Das trägt zur Zufriedenheit mit dem Unterricht bei Lehrern und Schülern bei. In partnerschaftlicher Arbeit tragen sowohl Lehrer wie Schüler Verantwortung für die gemeinsamen Lehr- und Lernprozesse. Wir erhalten Indikatoren für das Erreichen von Standards und Kompetenzen. Gerade junge Lehrerinnen und Lehrer können so ihre Kompetenz im Diagnostizieren von Schülern und unterrichtlichen Prozessen schulen und zur weiteren Optimierung ihrer Professionalität beitragen.

Der „nicht öffentliche" Teil des Tagebuches dient der persönlichen Auseinandersetzung und Vertiefung mit den Arbeitsvorschlägen des Buches. Es können individuell nach persönlichen Vorlieben Lernangebote der Seite bearbeitet werden. Lerninseln können vernetzt werden: Gibt es ein ähnliches Bild im Biologiebuch oder bietet sich der Brückenschlag zu einem anderen Fach oder Projekt an?

Möglicherweise kann eine „Teilöffentlichkeit" hergestellt werden, indem nur bestimmte oder befreundete Schüler Einsicht in das Tagebuch nehmen dürfen. Im geschützten Raum des Partnergesprächs können Gedanken und Befindlichkeiten freier geäußert werden. Interessante Aussagen können auch anonym dem Plenum zugänglich gemacht werden, indem sie getippt (Schülerinnen und Schüler erkennen sich an ihren Handschriften!), verteilt und somit zum Unterrichtsgegenstand werden.

Die Schritte im Einzelnen

Arbeitsblatt 21: Vergiss es nie!

Vergiss es nie: Originaltitel: I Got You; Text und Melodie: Paul Janz; Dt. Text: Jürgen Werth
© Paragon Music Corp., adm. by Unisong Music Publishers B.V.; Printrechte für D, A, CH:
Hänssler Verlag, D-71087 Holzgerlingen

Such deinen Lieblingsvers.
Schreib ihn auf.
Erläutere, was dir an ihm gefällt.

Schritt 10 | Ich bin

Arbeitsblatt 22: Ich bin wunderbar – ich fühle mich wunderbar!

Aus: Macht, Siegfried. Haus aus lebendigen Steinen. Liederbuch + Doppel-CD, Strube Verlag GmbH, München-Berlin

Führt einen Freudentanz auf: Im Kreis, die Hände beider Nachbar(inne)n locker herabhängend gefasst. Anfangs Blick im Uhrzeigersinn, Zählzeit ist die Viertelnote. Bereits mit dem Auftakt beginnen:

- 3 Schritte im Uhrzeigersinn: Rechts, links, rechts.
- Zur Mitte drehen und dabei nach links seitwärts stellen, rechts ran; rechts nach rechts seitwärts, links ran.
- Links nach links, rechts ran; links nach links, rechts ran; (und klatschen).
- Rechts nach rechts, links ran; rechts nach rechts, links ran (und klatschen).
- Mit 3 Schritten ganze Drehung um die linke Seite.

Mit der nächsten Kanonzeile beginnt die Bewegungsfolge von vorn.
Geklatscht wird beim Mitsingen an den gekennzeichneten Stellen nur in der ersten Kanonzeile; während der anderen Zeilen entfällt das Klatschen oder findet in den jeweiligen Pausen statt.

Schritt 11 | Ich bin gewollt

Freundinnen sind wichtig für ein Mädchen – für die Jungen ihre Kumpels. Wen lasse ich rein in mein Leben – und wer will mich bei sich willkommen heißen?

Es geht um …

Der Unterricht öffnet folgende Fragehorizonte:

- Wer will etwas mit mir zu tun haben?
- Was für Einladungen bekomme ich?
- Was bedeutet das: Gott ist wie Vater und Mutter?
- Was bedeutet die Taufe?
- Was kann (m)ein Taufspruch/Gottes Zusage mir bedeuten?
- Wie kann ich an Gott glauben?

Darauf kommt es an …

Die Schülerinnen und Schüler

- kennen Zeichen und Gesten, die sie einladen oder abweisen;
- kennen das Symbol „Tür" und können damit umgehen;
- kennen das Gottesbild „Vater und Mutter" und können es entfalten;
- kennen die Taufe als ein Angebot, in Gottes offene Arme zu kommen;
- kennen die Taufe als Sterben und Auferstehen mit Christus;
- kennen das Gleichnis vom „großen Abendmahl", können es erzählen und erläutern;
- kennen Taufsprüche und können für sich eine passende Zusage auswählen.

Schritt 11 | Ich bin gewollt

Seite für Seite

Seite 100: Die Gesichter der Menschen sind manchmal wie Türschilder: Von „lass mich bloß in Ruhe" bis „Ich find euch alle toll!" lässt sich vieles in den Mienen ablesen. Es gibt auch Körperhaltungen, die Abwehr, Gleichgültigkeit, Frust, Stolz, Lebensfreude abbilden. Es lohnt, sich dessen bewusst zu werden, und sich selbst in seiner Außenerscheinung zu beobachten. Signalisiere ich einem Menschen, dem ich begegne, dass er willkommen ist?

Seite 102: Einladungen sind manchmal zweischneidig: Sie können mit Bedingungen und Erwartungen verknüpft sein, sie können ausgrenzen, sie können mit falschen Versprechungen arbeiten. Werbung ist ein Beispiel: Versprochen wird dem potenziellen Kunden, dass man ihm Gutes tun wolle – in Wahrheit soll Geld verdient werden. Die Einladung zum Gemeindefest hingegen ist in diesem Sinn selbstlos. Die Frage ist: Ist da wirklich so viel los, wie das Bild suggeriert – und da kommt es dann auf mich an, darauf, ob ich hingehe und was ich zum Gelingen beitrage.

Seite 103: … ob ich hingehe – Um diese Frage geht es hier. Man ist eingeladen und geht nicht hin? Eigentlich dumm. Was entgeht mir? Das Gleichnis vom Großen Abendmahl (Lk 14,15-24) hat eine doppelte Spitze, von der nur eine im Schülerbuch genannt ist: Der Kreis der Geladenen wird erweitert; alle dürfen mitfeiern. Das zweite ist: Die, die abgewinkt haben, bekommen keine neue Chance. Es kann auch mal zu spät sein; das muss ich wissen, wenn ich Einladungen ablehne.

Seiten 104/105: Gottes Einladung konkret: Sich lieben lassen. Für sich sorgen lassen. Sich begleiten, schützen, trösten lassen. Zwei Erfahrungen sprechen dagegen: Ich bin kein Baby mehr, sagt der Mensch. Ich kann mich selbst versorgen, schützen, für mich einstehen. (Auch lieben und trösten?) Das Zweite: Ich glaube nicht, dass Gott das kann. Es ist so viel Leid in der Welt – das Böse ist stärker als das Gute – es hat doch alles keinen Sinn. Am Beispiel einer grünen Ranke, die sich durch Stein, Asphalt, Beton ans Licht schiebt, kann man sehen: Leben hat mehr Kraft als Tod.

Seite 106: Die Frage nach Gott ist die Frage nach dem Leben, meinem Leben. Die Haltung eines Gläubigen anzunehmen, führt vielleicht weiter als kluge Dispute. Die Psalm-Verse laden zu einem Versuch ein. Die „Flügel der Morgenröte" sind ein eindrucksvolles Bild, das ohne Deutung wirkt und zur Gestaltung herausfordert. Besser noch: den ganzen Psalm 139 (ohne Vers 19-22) laut lesen und sprechen lassen.

S. 107: Es geht um Anfang und Ende der verschiedenen Vorhaben auf der Erde („Gott hilft, auch bei einem Bauwerk", erklärte eine Schülerin) – es geht aber auch um Anfang und Ende des Lebens selbst. Das Wunder des Geborenwerdens ist schon Thema gewesen (S. 104; auch in Schritt 10, S. 98). Wie ist es mit dem Sterben? „Sterben heißt, von Gott zu Gott gehen", sagte eine alte Frau, die inzwischen verstorben ist. Wäre das ein Gedanke, der Mut macht und tröstet?

Die Schritte im Einzelnen

Tipps und Tricks

Das im vorherigen Schritt vorgeschlagene Tagebuch kann hier weitergeführt werden. Mutig und neugierig die Welt mit offenen Augen zu erobern braucht Vertrauen.

Eingang und Ausgang segnen – Religion erleben und gestalten

Schülerinnen und Schüler der Klassen 5 bis 7 vermögen weitgehend noch nicht abstrakt zu denken. Über die Symbole Haus und Tür können Lebenserfahrungen in elementarisierter Weise erschlossen werden. Täglich verlassen die Schülerinnen und Schüler mehrfach Räume, Häuser, Einrichtungen. Diese Alltagserfahrungen können wir mit den Kindern er-fahren und bewusst er-spüren. Das Haus-Motto „Mit Gott in jeder Sache den Anfang und das Ende mache" (S. 107) bündelt die Erfahrungen und stellt sie unter ein (den Schülern unvertrautes) Ziel: Alles, was ihr tut, das tut im Namen des Herrn, der Himmel und Erde gemacht hat.

Wenn die Klasse sich darauf einlassen will, kann ein „Haus-Motto" oder ein Segen (z.B. Gott behüte deinen Eingang und deinen Ausgang) für die Klassentür gestaltet werden: Im Sinn des fächerverbindenden Unterrichts kann der Werk- oder Technikkollege ein Holzbrett anfertigen, auf welches mit unterschiedlichen Techniken (z.B. mit dem Lötkolben in Brandmaltechnik) geschrieben wird. Sonst genügt auch ein Plakat.

Er-spürbar wird das Motto/der Segen für Schülerinnen und Schüler, wenn sie sich bewusst an der Schwelle zum Klassenraum einen Moment Zeit nehmen, innehalten, sich von einem Mitschüler Segen zusprechen lassen: „Gott behüte deinen Ausgang und Eingang". Das kann – als Ritual eingeführt – den Anfang und das Ende der Religionsstunde strukturieren.

Übrigens: Segen zusprechen ist eine urchristliche Tradition. Jeder kann das tun. Seit den 90er Jahren des vergangenen Jahrhunderts gibt es immer mehr Gemeinden, die diese urchristliche Tradition wiederbeleben. Der Zulauf zu besonderen Segnungsgottesdiensten bestätigt, dass das Bedürfnis der Menschen nach individueller Segnung vorhanden ist.

Schöpfungspsalmen – danken für den Segen

Von Schöpfung reden, von Gott „am Anfang und am Ende", von Gottes Segen – dazu gehört auch der Dank. Die Psalmen, die sich mit Gottes Schöpfung und Bewahrung und mit seiner Allgegenwart in der Welt beschäftigen, sind Hymnen, Lobgesänge. Das gilt besonders für Psalm 104, der durchaus in den Zusammenhang gehört. Das Arbeitsblatt auf der nächsten Seite macht dazu einen Vorschlag.

Schritt 11 | Ich bin gewollt

Arbeitsblatt 23 (1): Morning has broken

2. Du nimmst die Winde als deine Boten,
dein ist der Donner, der Blitze treibt.
Du hast das Erdreich so fest gegründet,
dass es für immer und ewig bleibt.

3. Du lässt das Wasser quell'n in den Tälern,
und alle Tiere löschen den Durst.
Singend darüber sitzen die Vögel;
Voll ist das Land, denn du schaffst ihm Frucht.

4. Gras für das Vieh und Saat für den Menschen:
/du lässt sie wachsen beiden zu Nutz /
Wein für die Freude, Öl für die Schönheit, /
Brot für die Stärke, du – unser Schutz.

5. Du gabst dem Mond auf, das Jahr zu teilen; /
die Sonne weiß von dir ihren Gang.
Du lässt den Löwen rauben im Dunkeln,
tags geht der Mensch ans Werk mit Gesang.

6. Herr, deine Werke, wie sind sie groß, und
weise geordnet ist all dein Gut.
Riesige Fische spielen wie Kinder
im weiten Meer, das nimmermehr ruht.

7. Es warten alle, dass du sie speisest;
Tust du die Hand auf, werden sie satt.
Aber verbirgst du dich, geht ein Schrecken
über die Erde, alles wird matt.

8. Aus deinem Atem haben wir Leben,
du gibst der Erde neue Gestalt.
Ich will dir singen, solang ich lebe,
du, meiner Freude ewiger Halt.

9. Dass alles Unrecht ende auf Erden,
und Gott sich zeige dem, der nicht sieht:
Lobe den Herren, du meine Seele,
Sorge, dass Gottes Wille geschieht.

Aus: Macht, Siegfried. Noch lange nicht ausgedient. Neue Lieder für Schule und Gemeinde. Begleitungen, Tänze, Praxistipps. Liederbuch + Doppel-CD. Strube Verlag GmbH, München-Berlin

Arbeitsblatt 23 (2): Morning has broken

➢ Singt die Strophen nach der Melodie "Morning has broken". Gestaltet zu den Strophen eine Collage: Was gehört alles dazu? Auch Gegensätze – oder?

➢ Eine einzige Zeile kommt doppelt vor, in der ersten (unter den Noten) und in der letzten Strophe. Schreibe sie heraus:

....

➢ Diese Zeile ist wie ein Rahmen des Textes, ihr könnt sie auch als Rahmen um eure Collage schreiben bzw. zeichnen (oder fällt euch ein anderer Rahmen ein?).

➢ Ist um eure Welt ein Rahmen, der euch einsperrt oder schützt? Zeichne das Bild unten weiter.

Schritt 12 | Ich bin gerufen

Gerufen werden ist zweischneidig: Will ich das, was ich soll? Werde ich es können? Vor der Verantwortung für das Leben auf der Erde darf sich niemand drücken. Das betrifft den Einzelnen und alle, auch die, die nach uns kommen.

Es geht um …

Der Unterricht öffnet folgende Fragehorizonte:

- Was geht mich/uns die Umwelt an?
- Worüber kann ich staunen?
- Was „nützt" mein Staunen?
- Was kann ich tun, um die Umwelt zu schonen?
- Ist die Erde „noch zu retten"?
- Lohnt es sich, die Erde zu retten?

Darauf kommt es an …

Die Schülerinnen und Schüler

- kennen Adressen von Umweltorganisationen;
- schätzen die Wunder der Natur und üben Achtsamkeit;
- entwickeln Umweltbewusstsein und können es vermitteln;
- kennen den Wert von „kleinen Schritten";
- wissen sich verantwortlich und handeln entsprechend;
- können entfalten, was Gott, der Schöpfer, von seinen Geschöpfen erwartet.

Die Schritte im Einzelnen

Seite für Seite

Seite 112: Das Bild ist wie ein Hymnus zu lesen: Gelobt sei Gott, er schuf Sonne, Mond und Sterne. Gelobt sei Gott, er schuf die „Fabeltiere" und die „Monster"; gelobt sei Gott, er schuf die Berge, die Täler und die Wasser; gelobt sei Gott, er schuf ... Je länger man hinschaut, desto mehr Geschöpfe entdeckt man, schöne und weniger schöne. Aber da hat Gott offenbar einen anderen Geschmack als der Mensch.

Seite 113: ... damit er ihn bebaute und bewahrte. Das ist der Auftrag des Schöpfers an den Menschen, von Anfang an. So steht es in der zweiten (der älteren) Schöpfungsgeschichte. In der ersten steht stattdessen das in der Wirkungsgeschichte fatale: „Seid fruchtbar und mehret euch und füllet die Erde und machet sie euch untertan und herrschet über die Fische im Meer und über die Vögel unter dem Himmel und über das Vieh und über alles Getier, das auf Erden kriecht (1 Mose 1,28). Es wird gut sein, diese Bestimmung des Menschen mit der zuerst zitierten zusammenzulesen: Es geht um „untertan machen" in einem lebensfördernden Sinn: dem Kleinen Raum geben, eine Ordnung herstellen, die allen Chancen zur Entfaltung gibt, den „glimmenden Docht nicht auslöschen" (Mt 12,20).

S. 114/115: „Mit Staunen fängt es an", sagt die junge Mutter, die ihr Krabbelkind beobachtet. Mit großen Augen sieht es sich um und entdeckt Dinge, die die Großen kaum noch sehen. Muscheln suchen am Strand, Mikroskopieren, eine Schmetterlingssammlung betrachten – es ist Zeit, sich Zeit zu nehmen, um das Staunen zu lernen und kleine Wunder zu entdecken.

S. 116: Der Lebensraum „Erde" ist von zwei Seiten bedroht: von Naturkatastrophen sowie von der Bosheit der Menschen: Die Sintfluterzählung (1 Mose 7–9; s. Treffpunkt „Arche Noah") rechnet mit beidem: Sind Naturkatastrophen Strafmaßnahmen Gottes, der über die Bosheit der Menschen zürnt? Wenn nicht, dann würde er sie doch wohl verhindern oder hemmen, sagen auch heute Menschen. Es ist wichtig, sich deutlich zu machen: Keiner kann sagen, wie Gott „ist"; was man von Gott aussagen kann, sind Erfahrungen, die Menschen mit ihm machen, und Deutungen, die sie dem, was geschieht, zuordnen. „Ein Gott, der liebt, zerstört nicht in blindem Zorn Unschuldige und Schuldige zugleich", sagte ein Pfarrer in seiner Predigt. Es gilt aber auch – gemäß beiden Schöpfungsgeschichten: Gott erwartet mehr vom Menschen, als dass er sich treiben lässt. Gott erwartet, dass der Mensch eingreift: bauend und bewahrend.

Schritt 12 | Ich bin gerufen

Tipps und Tricks

Treffpunkt „Schöpfung" – aneignen

Die Treffpunkte sind zum Nachschlagen, Auswerten und Festhalten von zentralen Inhalten des Religionsunterrichtes konzipiert. Die aktuellen Forschungsergebnisse der Neurobiologie zeigen, dass die Inhalte des Unterrichts besser gelernt werden, wenn Schülerinnen und Schüler eigene Formulierungen erarbeiten. In diesem Sinn können im Unterricht nach und nach selbst formulierte Treffpunkte entstehen und in einem Karteikasten gesammelt werden. Die Unterrichtspraxis hat gezeigt, dass die Motivation der Schülerinnen und Schüler, die eigenen Arbeitsergebnisse zu lernen, im Durchschnitt höher ist, als wenn nur Formulierungen aus dem Buch übernommen werden. Auf dieser Grundlage bieten sich die Treffpunkte „Schöpfung" und „Arche Noah" an, selbst zu formulieren und somit zugeschnitten auf die jeweilige Lerngruppe weiter zu reduzieren, zu elementarisieren, Schwerpunkte oder lokale Bezugspunkte zu finden.

Exkursion und Kooperation – außerschulisch lernen

Aneignen und lokalisieren – das empfiehlt sich vor allem für die Schulbuchseite „Gib Acht!" (116). Schulen werden in den nächsten Jahren Schritt für Schritt in die Eigenverantwortung hineinwachsen. Was für Folgen hat das für die Schulgemeinschaft? Es entstehen landauf, landab Lernpartnerschaften zwischen Schulen und ortsansässigen Firmen. Eine Realschule in Haan pflegt seit Jahren eine Lernpartnerschaft mit der Mineralwasserquelle am Ort. Verantwortung übernehmen, das wird beim Besuch der Produktionsstätte und dem Genuss des reinen Wassers zum Erlebnis: Wasser als Mittel zum Leben. Umwelt- und Naturschutz im Umfeld der Quelle werden zur unabdingbaren Maxime menschlichen Handels.

Ähnliche *Erfahrungen* können beim Besuch eines Bauernhofes o.Ä. gemacht werden. Die Einbindung von außerschulischen Partnern aus der Wirtschaft bietet vielfältige Vernetzungsmöglichkeiten mit Lerninhalten. Lernen vom Mikro (vor Ort) zum Makro (weltweit) – so kann auch der Bogen zum „Motto des Umweltschutzes" (Schülerbuch, S. 116) geschlagen werden: Die Erde ist uns nur geliehen! – Verantwortung für die Zukunft.

Lernzirkel für alle – ganzheitlich lernen

Vielfältige Chancen zum fächerverbindenden Unterrichten ergeben sich. So hat eine Düsseldorfer Hauptschule einen umfangreichen Lernzirkel zum Thema Wasser mit Beiträgen fast sämtlicher Fächer erstellt. Er wird ein Mal jährlich für 2 Tage in der Aula (denkbar ist auch der Klassenraum einer Klasse, die auf Klassenfahrt oder im Praktikum ist) aufgebaut und jeweils der gesamte 6. Jahrgang ist eingeladen, ihn (nacheinander!) zu bearbeiten. So werden neue unterrichtliche Erfahrungen geschaffen. Vielfältig gewählte Arbeitsmaterialien, die verschiedene Zugänge für unterschiedliche Lerntypen berücksichtigen, initiieren ein breit gefächertes Lernen mit Kopf, Herz, Hand und Fuß.

Die Schritte im Einzelnen

Arbeitsblatt 24 (1): Gebt die Erde nicht auf!

Science-Fiction-Spiel für 1 Sprecher, 6 Politiker und „Chor".
Erarbeitet Regie-Anweisungen; führt das Stück auf.

Sprecher	Wir befinden uns im Jahr 2040. Hier (er zeigt auf die versammelten Minister ...), sehen sie den Krisen-Ausschuss der Weltregierung auf seiner voraussichtlich letzten irdischen Sitzung, denn - aber hören Sie selbst!
Umweltministerin	... also, um es noch einmal zusammenzufassen: Die Erde ist tot und so bleibt uns gar keine andere Möglichkeit als umzusiedeln ...
Raumfahrtminister	... wofür sich der Planet „Supa Lux 08-15" ausgesprochen empfehlen lässt. Unsere jüngsten Mess-Sonden haben uns geradezu himmlische Werte übermittelt: Die Luft riecht dort noch nach Luft, das Wasser sieht aus wie Wasser ...
Medienminister	Sie meinen, es ist nass?
Raumfahrtminister	... und durchsichtig!
Alle anderen	Kaum zu glauben!
Raumfahrtminister	Also dann, meine Damen und Herren, worauf warten wir noch?
Religionsministerin	Darauf, dass die Demonstranten den Weg frei geben.
Raumfahrtminister	Die Demonstranten? Welche Demonstranten?
Religionsministerin	Sie waren wohl so in ihre Pläne vertieft, dass Sie gar nichts bemerkt haben, da (öffnet das „Fenster"), hören Sie nur:
Chor*	Um Himmelswillen, gebt die Erde nicht auf! (Kanon)
Raumfahrtminister	Was wollen die denn?
Präsident	Dass wir auf der Erde bleiben.
Raumfahrtminister	Aber die Erde ist tot. (...) Oder nicht?
Umweltminister	Nun ja, sie ist wohl gerade am Sterben.

Schritt 12 | Ich bin gerufen

Arbeitsblatt 24 (2): Gebt die Erde nicht auf!

Religionsministerin	Kann man sie wirklich nicht am Leben halten?
Medienminister	Das müssten Sie doch am besten wissen, Sie sind doch sozusagen von Amts wegen für Hoffnung zuständig ….
Präsident	… und für Menschlichkeit.
Religionsministerin	Nun auf einmal! Und in der Vergangenheit versuchten Sie mir ständig einzureden, wie überflüssig mein Arbeitsbereich wäre …
Erziehungsministerin	Nun seien Sie doch nicht so nachtragend, verehrte Kollegin.
Umweltminister	Eben. Wenn die Menschheit nur etwas vernünftiger wäre, etwas weniger egoistisch und rücksichtsvoller im Umgang miteinander und mit der Natur, dann wäre es nicht soweit gekommen.
Raumfahrtminister	Was hängen Sie eigentlich alle noch so an diesem alten Planeten, vor Ihnen öffnet sich der Himmel …
Chor* (s. AB 24,4)	Um Himmelswillen gebt die Erde nicht auf: Der Himmel begann seinen irdischen Lauf. Um Gotteswillen habt auf das Menschliche acht, Gott ist der Mensch, der uns menschlicher macht.
Präsident	Dort draußen scheint man den Himmel anders zu sehen als Sie.
Raumfahrtminister	Eine unbedeutende Minderheit, die sich den Errungenschaften der Technik und des Fortschritts entgegenstellen will.
Religionsministerin	Wenn Technik und Fortschritt so voller Errungenschaften wären, wären wir doch aber nicht da, wo wir jetzt sind!
Medienminister	Und wenn der Mensch wäre, wie sie ihn gerne hätten, wären wir's auch nicht.

Arbeitsblatt 24 (3): Gebt die Erde nicht auf!

Präsident	Ja, aber wenn wir uns letzten Endes einig sind, dass der Mensch dies alles selbst verschuldet hat, dann brauchen wir auf keinen anderen Planeten zu fliegen - es würde ja doch nur alles wieder von vorn beginnen.
Chor*	Um Himmelswillen gebt die Erde nicht auf: Der Himmel begann seinen irdischen Lauf. Um Gotteswillen habt auf das Menschliche Acht, Gott ist der Mensch, der uns menschlicher macht.
Erziehungsministerin	Klingt alles ziemlich hoffnungslos. Gibt es denn wirklich keinen Ausweg?
Präsident	Könnte man nicht einen Gedenktag schaffen, sozusagen aus symbolischen Gründen mitten in der dunkelsten und kältesten Jahreszeit, an dem sich die Menschen an alles erinnern, was ihnen Hoffnung machen könnte?
Religionsministerin	Ja, aber - so einen Tag gibt es doch schon!
Alle	Gibt es schon?
Erziehungsministerin	Und warum ändert sich dann nichts zum Guten?
Medienminister	Vielleicht, weil wir feiern, ohne zu wissen, was ...
Erziehungsministerin	... und vergessen haben, woher wir die Kraft zum Verändern nehmen könnten ...
Religionsministerin	... und den Himmel mit dem Weltall verwechseln ...
Präsident	... und uns zu oft einschließen, anstatt anderen zuzuhören.
Chor* (und alle)	Um Himmelswillen gebt die Erde nicht auf: Der Himmel begann seinen irdischen Lauf. Um Gotteswillen habt auf das Menschliche acht, Gott ist der Mensch, der uns menschlicher macht.

*Der Chor kann skandieren, rappen oder singen wie folgt ...

Schritt 12 | Ich bin gerufen

Arbeitsblatt 24 (4): Gebt die Erde nicht auf!

Kanon aus: Macht, Siegfried. Dass Frieden werde. München 1984 © beim Autor

Schritt 13 | Pack deine Sachen und geh

Wem gehorchen wir noch? Gesetzen und Autoritäten – notgedrungen? Was, wenn kein Zwang, keine Strafe, keine Sanktionen drohten? Wem? Unserem Herzen, vielleicht. Und vielleicht ist Abrahams Aufbruch auch so zu verstehen: Im Herzen wusste er: Es ist richtig.

Es geht um ...

Der Unterricht öffnet folgende Fragehorizonte:

- Was nehme ich mit, wenn ich aufbreche?
- Was lasse ich zurück, wenn ich aufbreche?
- Was gewinne ich, wenn ich aufbreche?
- Wie lebt man als Nomade?
- Welche Bedeutung haben Geschichten (wenn es kein Fernsehen gibt)?
- Wer waren Sara und Abraham?
- Warum sind Sara und Abraham bis heute bedeutsam?
- Was ist Segen?

Darauf kommt es an ...

Die Schülerinnen und Schüler

- kennen die Erzähltradition von Sara und Abraham;
- kennen die Verheißungen, die Abraham erfährt;
- können die Gotteserfahrungen beschreiben, die Abraham macht;
- bewerten für sich die Chancen und Risiken des Aufbrechens;
- bewerten Gründe und Zwänge, die zum Aufbruch drängen;
- können schildern, wie Nomaden leben;
- beschreiben Segen als heilende, Mut machende, stützende Kraft;
- suchen Spuren von Segen in ihrem Leben und Möglichkeiten, Segen weiterzugeben.

Schritt 13 | Pack deine Sachen und geh

Seite für Seite

Seite 117: Was sein muss, muss sein – Riko ärgert sich über diesen Satz. Und da liegt der Sprengstoff für die gesamte Einheit: Wer sagt mir, was ich tun soll? Welchen Aufbruch-„befehl" sollte ich hören, welchen lieber ignorieren?

Seite 118: Um Missverständnissen vorzubeugen: Das erste Foto zeigt nicht Paul, sondern den „Schatz", den er auf jeden Fall mitnehmen will. Das ist seine kleine Schwester Ida. Auf dem zweiten Bild merkt Paul, dass er sich das zu leicht vorgestellt hat.

Seite 119: Die große weite Welt – nicht nur Nina träumt davon. Es bleiben Fragen: Wie realistisch träume ich? Ich nehme mich selbst, meine Probleme, Beziehungsschwierigkeiten und alles mit – vielleicht sollte ich nur aufbrechen, wenn ich mit mir im Reinen bin? Dann aber – warum?

Seite 120: Nomaden brechen auf, weil sie es müssen: Die Tiere brauchen Weide und Wasser und davon gibt es in trockenen Gegenden niemals genug für ein langes Verweilen. Man lebt im Zelt, man wandert, wird wohl nie „bequem" – Idylle ist es nicht, doch auch kein Grund für Mitleid. Nomaden haben ihren Stolz, ihre Geschichten, ihre Bräuche und Traditionen.

Seite 121: Sara mit der Flöte – sie öffnet den Blick dafür, wie Tradition funktioniert: Da werden Lieder und Geschichten erzählt, immer wieder erzählt, und die, die Sinn haben, leben „ewig". Die Erzeltern Abraham und Sara wären nicht wichtiger und nicht unwichtiger als andere Saras und Abrahams aller Zeiten – wenn nicht an ihre Geschichte eine besondere Gottes-Erfahrung geknüpft wäre. Der soll nachgegangen werden.

Seite 122/123: Es gibt viele Nacherzählungen von 1 Mose 11.12.15 – darüber, wie Gott Abraham ruft, zum Aufbruch einlädt, ihm Land und Nachkommen verspricht. Der abgedruckte Text betont die Gesprächsbereitschaft Gottes, die Chancen des „Ziehens und Zeltens" und die Eigenständigkeit Saras. Die leicht feierliche Sprache vermittelt den Eindruck des Besonderen, eventuell Fernen – und rührt doch an.

Seite 124: Eines der bekanntesten Bilder von Sieger Köder: Bemerkenswert sind der Gesichtsausdruck Abrahams – „ergeben" –, das Licht von oben – „Segen" –, die großen, offenen Hände: – Segen empfangen, Segen weitergeben. Die Sterne stehen für Gottes Verheißung. Warum „ergibt" sich Abraham? Hat er Angst zu widerstehen? Nein, im Gegenteil: Er fühlt sich ernst genommen, beschenkt, begleitet. Er „ergibt" sich, weil er Gott vertraut. (sein typischstes „Merkmal": „Abram glaubte dem Herrn und das rechnete er ihm zur Gerechtigkeit"; 1 Mose 15,6).

Seite 125: „Segen ist etwas, das mehr wird, wenn man's teilt" (eine Schülerin). Das Symbol „Hand" lässt darüber nachdenken, was man – unter dem Vorzeichen Segen – machen sollte und was lieber nicht.

Tipps und Tricks

Weggehen / einen Weg gehen – „Deutsch in allen Fächern"

Will ich Schüler an die Tafel schreiben lassen, weiß ich, dass sich sofort viele Finger in die Luft strecken. Zumeist schleicht sich ein Schreibfehler ein – und dann? Schon lachen die ersten Mitschüler und die nächsten fünf Minuten verbringen wir mit der richtigen Rechtschreibung … Hab ich die Zeit dafür? Ja, beim Auftakt von Schritt 13 darf ich mir Zeit dafür nehmen. „Weg" und „weg" – das lädt zum Philosophieren über Rechtschreibung ein. Und führt mitten ins Thema.

Einen **Weg** gehen: Leicht lässt sich mit einem Malerkreppband von der Rolle ein Weg durch die Klasse (Klassenraum in 4 Sektoren einteilen) kleben. Es werden 4er-Gruppen gebildet. Jede Gruppe klebt einen eigenen Weg auf den Boden. Aus brauner oder grauer Pappe werden Steine ausgeschnitten. Welche Steine könnten sich auf dem Weg befinden und das Passieren schwirig machen? Ein kleines Geschwisterkind kommt in die vertraute Familie? Die Familie muss umziehen? Gibt es eine Scheidung? Steine auf dem Weg müssen weggeräumt werden. Schülerinnen und Schüler finden einen Weg, diese Probleme zu lösen.

Danach findet ein Austausch anhand der Methode **„Einer bleibt – drei gehen"** statt. Hierzu verbleibt ein Gruppenmitglied beim eigenen Weg. Drei fremde Schüler treten hinzu und bekommen die Bedeutungen erklärt. Danach wechseln die Schüler mehrfach. Immer ein anderes Mitglied verbleibt zum Erklären beim eigenen Weg. Am Ende können die Steine an der Tafel thematisch sortiert und zugeordnet werden. Gab es Mehrfachnennungen oder Schwerpunktthemen? Diese Auswertung gibt Anhaltspunkte für die Interessen der Gruppe und vereinfacht die weitere Planung. Die Motivation und Lernbereitschaft der Schülerinnen und Schüler steigt, wenn diese Begriffe wertschätzend aufgenommen und in den weiteren Stunden wieder verwendet werden.

Weggehen: Auf Zeit, z.B. für eine Reise. So können zum Bild der S. 119 passende Worte gesammelt werden. Ebenso für das Weiterziehen mit Zelten (s. Foto S. 120). Welche Dinge braucht man notwendigerweise zum Leben – welche sind eigentlich Luxus? Ein Experiment per Gedankenreise schafft hier Klarheit: Wir denken uns Stück für Stück immer mehr Dinge aus unserem Umfeld weg, die wir nicht lebensnotwendig brauchen. Dazu wird vom Lehrer eine Liste mit Dingen des Alltags angelegt und als Arbeitsblatt verteilt. Zuerst dürfen 15 Dinge gewählt werden. In der nächsten Runde nur noch 10, 6 und dann zuletzt nur noch 3 Dinge, die die Schülerinnen und Schüler beim Weggehen mitnehmen dürfen. Warum sind es genau diese 3 Dinge, die unbedingt mitgenommen werden? Was macht sie so wertvoll und welche Funktionen werden sie am neuen Ort haben? Die Schülerinnen/Schüler sollen überlegen, was sie an nicht-materiellen Dingen zurücklassen, wenn sie weggehen. Bei einem Umzug können das Freunde, Gerüche oder Lieblingsplätze sein. Hat das eine andere Qualität?

Schritt 13 | *Pack deine Sachen und geh*

Arbeitsblatt 25: Weggehen – aufbrechen

aufbrechen
wer?
ich?
aufbrechen
wen?
mich?

©Siegfried Macht

Erkläre die Zweideutigkeit in dem Wortspiel Wort für Wort:

Aufbrechen heißt: ....

Ich frage „wer", denn ....
....

Da zeigt einer auf mich. Aber ich ....
....

Ich frage „wen", denn ....
....

Da zeigt einer auf mich. Ich überlege: ....
....

Aufbrechen heißt nun: ....
....

Die Schritte im Einzelnen

Arbeitsblatt 26: Geh, brich auf – ein Beduinentanz

Aus: Macht, Siegfried, Haus aus lebendigen Steinen, © Strube Verlag GmbH München-Berlin

Aufstellung im Kreis mit Blick zur Mitte.

Takt	Zeit	Bewegung
2		Wiegen auf links
3		Wiegen auf rechts
4		Wiegen auf links
		Wiegen auf rechts

Wiederholung Takt 1 bis 4;
im Uhrzeigersinn über die Kreisbahn gehen:

Takt	Zeit	Bewegung
5	1	links
	2	rechts
6 bis 8		wie Takt 5

Wiederholung Takt 5 bis 8;

Takt	Zeit	Bewegung
9	1	mit Schritt auf links wieder zur Mitte drehen
	2	rechts an links ranstellen
10	1	rechts seitwärts setzen
	2	links an rechts stampfend (!) ranstellen
11	1	links seitwärts setzen
	2	rechts an links ranstellen
12		wie Takt 10

Schritt 13 | Pack deine Sachen und geh

Arbeitsblatt 27: Das merk-würdige Geschenk

Eines Tages kamen Abrahams Hirten aufgeregt zu ihm gerannt: „Abraham, komm schnell, Abimelechs Männer haben uns von dem Brunnen vertrieben, den du gegraben hast. Sie behaupten, es wäre ihr Brunnen, so eine Frechheit. Lass uns die anderen zusammenrufen und …"

Versetze dich in Abraham, mach einen Vorschlag:

Abraham zog mit seinen Leuten zu Abimelech und – schenkte ihm sieben Schafe. „Wie???," fragte Abimelech. „Das verstehe ich nicht…" sagten auch Abrahams Männer. „Ganz einfach", erwiderte Abraham: „Die sieben Schafe sollen dich jeden Tag daran erinnern, dass du mir meinen Brunnen gestohlen hast."
Abimelech saß da, mit offenem Mund. „Davon wusste ich gar nichts", stammelte er, „das haben sie ohne mein Wissen getan." (1 Mose 21, 25-30)

Das hätte auch schief gehen können.
Schreib auf:
Was kann man aus dieser Geschichte lernen?

Schritt 14 | Unterwegs

Riko ist nur widerwillig aufgebrochen. Er bereut die Entscheidung. Solange er nur zurückschaut, wird er dem Neuen nichts Gutes abgewinnen können. Es liegt an ihm – nicht nur, aber auch ...

Es geht um ...

Der Unterricht öffnet folgende Fragehorizonte:

- Wie ist das, wenn man sich nicht vorwärts wagt?
- Wie ist das, wenn man plötzlich Mut bekommt?
- Was hat Jakob eigentlich ausgefressen?
- Was hat Jakob so dringend haben wollen, dass er es stahl?
- Was ist das, was man dringend haben wollte, noch wert, wenn man dafür Beziehungen zerstört?
- Wie kann ich Fehler wiedergutmachen?
- Wie ist das, wenn der, dem ich Unrecht getan habe, sagt: „Schon gut"?

Darauf kommt es an ...

Die Schülerinnen und Schüler

- unterscheiden unterschiedliche Haltungen gegenüber den Unwägbarkeiten des Lebens;
- kennen die Geschichte von Jakob, der sich den Erstgeborenensegen „stahl" und können sie deuten;
- kennen die Erzählung von Jakobs Traum und der Himmelsleiter und verstehen sie als Wendepunkt zwischen Zukunftsangst und Zuversicht;
- kennen die Geschichte von der Versöhnung zwischen Jakob und Esau und verstehen sie als Wendepunkt zwischen Schuld/schlechtem Gewissen und Vergebung;
- beschreiben „Segen" als Band zwischen Gott und Mensch, das selbst bei Schuld nicht zerreißt.

Schritt 14 | Unterwegs

Seite für Seite

Seiten 130/131: Der Junge in seiner Hilflosigkeit (Haltung und Gestik signalisieren sie) mag eher den Geschmack der Mädchen treffen und sie animieren, sich seiner anzunehmen; das Mädchen wiederum, ganz erfüllt von einem Hoffnungszeichen, das ihr begegnet zu sein scheint, soll die Jungen zum Fabulieren reizen. In den Geschichten, die entstehen, schlägt sich (hoffentlich) die unterschiedliche Stimmung nieder: hier Angst, dort Zuversicht. Beide sind allein – der Junge fühlt sich auch so; das Mädchen aber scheint ein Gegenüber zu sehen, das der Betrachter nicht sieht, es sei denn durch die Augen des Mädchens.

S. 132/133: Die Jakob-Geschichte als „Enthüllungs"-Geschichte: Zu erfahren ist von Jakob zunächst nur, dass er in einer Krise steckt, dass er etwas getan hat, das er inzwischen bereut, und dass er meint, es sei nicht wiedergutzumachen. Ein schlechtes Gewissen ist „zeitlos", weshalb die Zuordnung – es geht um Jakob, den Sohn Isaaks, den Sohn Abrahams – erst nachträglich vorgenommen wird, im „Gespräch" mit Lisa und Riko.

S. 134: Die Frage nach dem „Es": Es ist wie ein Band zwischen Gott und Abraham, Isaak, Isaaks Sohn – welchem Sohn, das ist noch die Frage. „Es" ist Gottes Zusage: „Ich will dich begleiten", Gottes Segen. Gilt der auch einem, der ihn sich gestohlen hat?

S. 135: Jakob schaut die Himmelsleiter – so heißt der Abschnitt in der Luther-Bibel (1 Mose 28,10–22). Was Marc Chagall gemalt hat, ist so einfach nicht: die Leiter, ja, gewiss, doch wohin führt sie? Wo eigentlich ist der Himmel auf diesem Bild? Was sind da überall für Wesen? Wo ist Jakob (die liegende Figur hat Flügel, die rote Figur – das muss ja Jakob sein! – sitzt)? Links ist es dunkel, rechts lichtblau. Im Blauen ist ein vierflügeliges Wesen zu sehen, ganz rechts unten in der Ecke eine freundliche, alte Gestalt, die sich über einen zweiten Liegenden beugt. Das Bild muss nicht gedeutet werden, es soll sprechen: davon, dass Himmel nicht unbedingt „oben" ist, davon, dass Engel ins Dunkel kommen, davon, dass die Welt als Ganze voller Leben ist und höher als alle Vernunft.

Die Bedeutung für Jakob ist klar: Er hat den Himmel offen gesehen und Gottes Zusage gehört: Ich will dich begleiten. Das Band ist nicht gerissen, der Segen wirkt weiter.

S. 136: Mit Gott ist Jakob versöhnt – bevor er sich auch mit seinem Bruder versöhnt, muss noch viel geschehen: Bei Laban, dem Bruder seiner Mutter, erwirbt er sich Erfahrung, Reichtum und zwei Frauen, Lea und Rahel. Seine glückliche Hand im Mehren der Güter ist Zeichen des Segens, der auf ihm liegt (wie später auch bei Josef); dennoch „bezahlt" er auch für die Vergangenheit: In seiner Liebe zu Rahel wird er von Laban ebenso betrogen, wie er einst seinen Vater und Esau betrog (wieder geht es um das Erstgeborenenrecht, diesmal der Lea, die beansprucht, als Erste verheiratet zu werden).

Das Bild von Rembrandt teilt etwas von der Ergriffenheit mit, die Jakob angesichts der Versöhnungsbereitschaft seines Bruders Esau empfindet. „Denn ich sah dein Angesicht, als sähe ich Gottes Angesicht, denn du hast mich freundlich angesehen" (1 Mose 33,10b). Jakob hat gemeint, sich Esaus Gnade kaufen zu können und erlebt: Er bekommt sie geschenkt (→ Paulus, Luther).

Tipps und Tricks

Buddy Book – Protokoll führen

Das Schülerbuch entfaltet die Geschichte von Jakob nach und nach. Ein solches „Entdecken auf Raten" macht es nötig, Protokoll zu führen, etwa durch das Anlegen und Führen eines „Buddy Book": Es entsteht eine Sammlung von Informationen, die als Heftchen eingesammelt und benotet werden oder zur Vorbereitung für eine schriftliche Leistungsüberprüfung dienen kann.

> - Das Buddy Book besteht aus drei Doppel- oder sechs Einzelseiten, die die Lernergebnisse sichern oder Jakobs Lebenslaufs chronologisch nacherzählen.
> - Die Titelseite wird mit einer Überschrift versehen und nach Belieben ausgeschmückt. Die letzte Seite kann zur Zusammenfassung, Stichwortsammlung oder für einen Fazitsatz genutzt werden.

Eine gezeichnete oder kopierte Landkarte hilft bei der Veranschaulichung; auch die zeitliche Einordnung per Zeitstrahl hilft bei der Orientierung.

Die Doppelseiten können auch dem Vergleich zwischen Jakob und der Lebenswelt der Schülerinnen und Schüler dienen (links immer Jakob – rechts der Schüler). Wo gibt es Parallelen? (Die werden in grün aufgeschrieben.) Wo liegen die Lebenswirklichkeiten erheblich auseinander? (Vielleicht orange oder rot notieren.) Was hat den Schüler besonders interessiert (grün), was war langweilig (rot)? Für den Lehrer ist so festzustellen, was die Schüler interessiert und wo noch vertiefend gearbeitet werden kann.

Im Sinn von „Öffentlichkeit herstellen" können die Buddy Books als Ausstellung auf der Fensterbank verbleiben und in den Pausen wie bei einem Museumsrundgang angeschaut werden. Gute Erfahrungen wurden auch mit Ausstellungen in Schaukästen oder Exponaten im Lehrerzimmer gemacht. Gute Schülerergebnisse erhalten viel zu selten einen angemessenen Stellenwert und Wertschätzung außerhalb des Unterrichts.

Herstellung eines Buddy Books

Vorbemerkung: Die Falzkanten immer gut mit dem Fingernagel nachstreichen!

Ein Din-A4-Blatt (Hochformat) wird in der Mitte gefaltet und die beiden Hälften jeweils noch einmal, sodass 4 gleiche Viertel entstehen. Dann wird das Blatt (quer) in der Mitte gefaltet und sieht dann aus wie ein Hotdog-Papier. Es entstehen 8 rechteckige Felder. Das Blatt im Hochkantformat wird jetzt wieder in der Mitte gefaltet. Nun wird das Blatt von der Mittelfalz (geschlossene Seite) senkrecht eingeschnitten – genau bis zur Hälfte des Papiers, d.h. bis zur nächsten geknickten Linie. Das Blatt wird wieder aufgeklappt. Dann das Blatt im Querformat wieder in der Mitte falten (Hotdog). Das Blatt nun außen fassen und zusammenfalten, so dass ein Büchlein entsteht (Bebilderte Erklärungen finden sich unter Buddy Book in jeder Suchmaschine).

Schritt 14 | Unterwegs

Arbeitsblatt 28 (1): Jakobs Verwandlung

Teilt euch in zwei Gruppen. Gruppe 1 trommelt zwei verschiedene Betonungen (statt auf Trommeln auch auf den Tischen). Gruppe 2 spielt dazu zwei Bewegungen durch. Anschließend können Gruppe 1 und 2 tauschen.

Betonung A: Der Trommelschlag
Sprecht zunächst die folgende Reihe schnell, aber gleichmäßig zählend und schlagt dann im selben Maß auf Trommel oder Tisch: Eins-und-zwei-und …

1	+	2	+	3	+	4	+

Dabei müsst ihr auf folgende Trommelregeln achten:
- linke und rechte Hand immer abwechselnd
- die 1 und die 3 laut sprechen und/oder trommeln
- die 2 und die 4 mittellaut sprechen und/oder trommeln
- die „+" (sprich „und") dazwischen leise sprechen und/oder trommeln

Die Spielbewegung dazu
Die anderen stehen in Kreis, Halbkreis oder Reihe und gehen folgende Schritte, während die Trommler 4 x durchspielen (die Schritt-Zahlen müssen mit den Trommelzahlen übereinstimmen!):

1	rechter Fuß nach rechts		1	linker Fuß nach links
2	links nachstellen (an rechts ran)		2	rechts nachstellen (an links ran)
3	rechter Fuß nach rechts			linker Fuß nach links
4	(warten)			
1	links vorwärts		1	rechts rückwärts
2				
3	rechts vorwärts		3	links rückwärts

Und gleich noch mal alles von vorn! Wo seid ihr angekommen? Was für einen Weg habt ihr zurückgelegt? Welche Figur wäre auf dem Boden entstanden, wenn eure Füße aus Kreide wären? Das ist der Weg von Jakob.

Die Schritte im Einzelnen

Arbeitsblatt 28 (2): Jakobs Verwandlung

Aber interessant wird es erst, wenn jetzt die Trommler ein anderes Betonungsmuster schlagen:

Betonung B

1	2	3	4	5	6
laut	leise	leise	**laut**	leise	leise

Die zweite Spielbewegung
Die Nicht-Trommler sollen die gleichen Schritte wie oben machen, sie aber der neuen Betonung anpassen: Das ist der andere Jakob, nur so kann man seine Verwandlung spüren, außen bleibt es gleich, innen fühlt man einen Unterschied!

Lösung für 4 x 6 Trommelschläge nach Muster B
- 1 rechter Fuß nach rechts
- 3 links nachstellen (an rechts ran)
- 4 rechter Fuß nach rechts

- 1 links vorwärts
- 4 rechts vorwärts

- 1 linker Fuß nach links
- 3 rechts nachstellen (an links ran)
- 4 linker Fuß nach links

- 1 rechts rückwärts
- 4 links rückwärts

A = quasi Marsch, der ruppige Jakob, seinen Besitz ergreifend und „einzäunend" (Schritte = Rechteck)
B = quasi Walzer, der mit Gott, sich und seinem Bruder versöhnte „Israel", in Israel sieht man in den vielen entstehenden Rechtecken neben- bzw. übereinander die „Himmelsleiter".

Schritt 15 | Im tiefen Tal

Riko schmollt. Jetzt hat er sich ganz in sich selbst zurückgezogen. Ob da noch einer an ihn rankommt? Wie ist das, wenn jemand „zumacht"? Wer holt ihn wieder heraus? Kann es einmal zu spät sein?

Es geht um ...

Der Unterricht öffnet folgende Fragehorizonte:

- Wie heißt „geworfen", „verworfen", „weggeworfen"?
- Sich „weggeworfen" fühlen – wie kann man das beschreiben?
- Was erlebt Josef mit seinen Brüdern? Was erlebt Ruben mit Josef?
- Wie kann aus „böse" „gut" werden?
- Wie kann ich Leid ausdrücken, wie Freude und Erleichterung?
- Was nützen geliehene Worte?
- Was nützt es, Gott in Not anzurufen, ihm für einen guten Ausgang zu danken?

Darauf kommt es an ...

Die Schülerinnen und Schüler

- können das Gefühl des Verlorenseins nachempfinden und beschreiben;
- kennen die Geschichte von Josef, den seine Brüder in den Brunnen sperrten;
- kennen den „Fluch der bösen Tat" – auch Ruben sitzt im „Brunnen";
- können das Schicksal Josefs als Gottes segnendes Wirken beschreiben;
- kennen Worte der Psalmen, die Not und Angst beschreiben;
- kennen Worte der Psalmen, die Befreiung und Dankbarkeit beschreiben;
- finden eigene Ausdrucksmöglichkeiten für Angst, Not, Befreiung.

Die Schritte im Einzelnen

Seite für Seite

Seiten 138: Lieblingssohn – ein Reizwort, nicht nur für die Söhne des Erzvaters Jakob. Liebe ist immer auch parteiisch, unbeirrt für den geliebten Menschen. Aber muss das bedeuten: gegen andere? Oft mag es nur so scheinen, oft versucht der Liebende, dennoch auch anderen (die er nicht ganz so sehr liebt) gerecht zu werden. Aber es gibt verräterische Zeichen: der bunte Mantel („Ihm hat der Vater einen gemacht, uns nicht", sagen Jakobs Söhne), der leuchtende Blick („Sein Opfer hat Gott angesehen, meines nicht", sagt Kain), das Freudenfest („Ihm hast du ein Kalb geschlachtet, mir nicht", sagt der Bruder des „verlorenen Sohns" in Jesu Gleichnis). Solche Zeichen tun weh, es tut weh, wenn ein anderer vorgezogen wird. Es kann trösten, sich dennoch auch geliebt zu wissen, es kann trösten, zu wissen: Es liegt nicht an mir, ich bin nicht schlechter, nicht weniger wert als der, der so geliebt wird. Es geschieht einfach. Liebe ist parteiisch.

S. 139: Aus dem Schmusetier-Alter sind Kinder irgendwann einmal heraus – und manche kehren rasch dazu zurück. Maskottchen begleiten zu Prüfungen, wichtigen Wettbewerben, auf die erste Reise allein. Die Statements auf der Seite sind von Erwachsenen – und Jugendliche, die gerade erst beschlossen haben, dass Kuscheltiere „uncool" sind, werden diese Erwachsenen mit ihrem Mitleid für das weggeworfene Tier schon verstehen.

S. 140/141: Die Josef-Geschichte ist kein Märchen. Dazu ist sie viel zu differenziert. Weder Josef (der „Angeber", das „Vater-Söhnchen") eignet sich zu absoluter Parteinahme, noch ist es möglich, Ruben und seine Brüder pauschal als „böse" abzustempeln. In der Konfrontation von Josef und seinen Brüdern sind Menschen unter sich – es sei denn, man nimmt an, dass Gott Josefs Träume geschickt hat.

S. 242: Von dem Augenblick an, als Josef aus dem Brunnen kommt, zeigt sich der, der auch Jakobs Geschichte kennt: „Und der Herr war mit Josef, sodass er ein Mann wurde, dem alles glückte" (1 Mose 39,2). Auch die Rückschläge (Potiphars Frau) gehören dazu, ohne den Gefängnisaufenthalt wäre Josefs Karriere nicht in Gang gekommen. Das gleiche Licht fällt im Nachhinein auf den Anfang: Ohne die böse Tat der Brüder wäre Josef nicht nach Ägypten gekommen – alles Gottes Werk? Kann, will man das glauben? „Ihr gedachtet es böse mit mir zu machen, aber Gott gedachte es gut zu machen" (1 Mose 50,20).

S. 243: Dass in Psalmen Bilder gebraucht werden, mit denen Menschen heute – schon Kinder! – unmittelbar etwas anfangen können, ist religionspädagogisch unbestritten. Diese Bilder helfen nicht nur, den damaligen Beter zu verstehen, sie stellen auch eine „Leih-Sprache" zur Verfügung für Augenblicke, in denen einem Menschen die eigenen Worte fehlen.

Schritt 15 | Im tiefen Tal

Tipps und Tricks

Die Pubertät ist geprägt von widersprüchlichen Gefühlen und Erlebnissen. Jugendliche müssen lernen, Erfahrungen wie Ablehnung, Zurückweisung und schwierige Situationen zu meistern. Dabei kann es nicht Sinn und Zweck sein diese unangenehmen Erlebnisse in sich hinein zu fressen, vielmehr ist das verbale Artikulieren Befreiung und Selbstheilung zugleich.

Josef – biblische Geschichten kreativ angehen

Biblische Texte im Religionsunterricht zu bearbeiten bedarf zunehmend einer intensiven methodischen Aufbereitung. Hier bieten sich die Methoden der kreativen Annäherung an. In der Josefsgeschichte finden sich menschliche Grunderfahrungen wieder, die ihre Aktualität nicht eingebüßt haben: geschwisterlicher Neid, Liebe, Ablehnung, Ängste. Kinder und Jugendliche verarbeiten ihre Erlebnisse des Tages oftmals in aufwühlenden Träumen. Die indianische Kultur hat hier mit der Tradition der Traumfänger reagiert. Ein Metall- oder Kunstoffreifen von 15–20 cm Durchmesser wird mit bunten Wollfäden umwickelt und durch Hin- und Herspannen entsteht im Inneren eine Art Spinnennetz, welches mit Perlen, Glitzersteinchen und Federn geschmückt wird. An einem langen Faden über dem Bett aufgehängt, sollen sich die bösen Träume darin verfangen …

Der Anfang der Geschichte von Josef und seinen Brüdern (1 Mose 37): Hierzu werden je 4 DIN-A4-Blätter mit je einem Wort beschriftet, z.B. Vater – Sohn – Töchter – Brüder | sagen – hören – trösten – verkaufen | kostbar – schlecht – neidisch – leer usw. (Anzahl entsprechend der Klassenstärke anpassen). Es werden immer 4 Blätter auf dem Klassenboden verteilt. Die Schüler bilden 4er-Gruppen und ordnen sich einer 4er-Gruppe der Blätter zu. Jeder sucht sich ein Wort aus, welches ihn spontan anspricht. In den Gruppen tauscht man sich anschließend kurz über die Wahl aus. Auf ein akustisches Signal wechseln die Schülergruppen im Uhrzeigersinn zur nächsten Wortgruppe usw. Am Ende hat jeder Schüler eine Anzahl von Worten für sich persönlich ausgewählt. Im nächsten Schritt wird der Bibeltext gelesen und die Schüler entdecken, dass ihre Worte sich im Text wiederfinden. Der Transfer von der Verknüpfung der eigenen Lebenswelt hinein zu den menschlichen Erfahrungen dieser Geschichte ist hergestellt.

Als Variante können die Schüler notieren, welche Worte sie gewählt haben, und diese im Plenum kurz erläutern. Gibt es Doppelungen, häufen sich ähnliche Erfahrungen? Wie wurde darauf reagiert und wodurch konnten Lösungen gefunden werden?

Durch die Annäherung anhand von Wortfragmenten wird den Schülern deutlich, dass der Bibelstelle von grundlegenden menschlichen Problemen erzählt, die damals wie heute vorhanden sind. Sie zeigt Lösungsmöglichkeiten auf, die die Menschen gefunden haben. So wird immanent deutlich, dass die Bibel auch heute Orientierung in schwierigen Situationen bieten kann.

Arbeitsblatt 29: Jojo

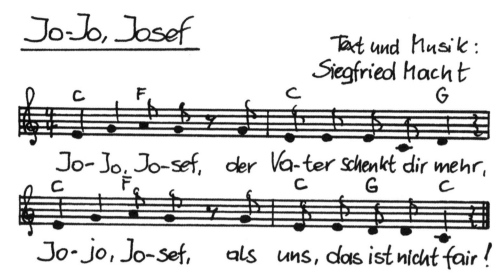

Aus: Macht, Siegfried, Kleine Leute – große Töne. Liederbuch + CD, Strube Verlag GmbH, München-Berlin

Jo-Jo, Josef du trägst
ein schönes Kleid.
Jo-Jo, Josef da gibt es
großen Streit.

Jo-Jo, Josef, was fiel
im Traum dir ein?
Jo-Jo, Josef, du willst wohl
König sein?

Jo-Jo, Josef, fällst du auch
in ein Loch,
Jo-Jo, Josef, nach oben
kommst du doch.

Jo-Jo, Josef verkauft
ins fremde Land…
Jo-Jo, Josef, fällst nie
aus Gottes Hand.

Jo-Jo, Josef, musst ins
Gefängnis gehen.
Jo-Jo, Josef, wer betrog
da wen?

Jo-Jo, Josef, was andre
träumend sehn,
Jo-Jo, Josef, das lässt dich Gott
verstehn.

Jo-Jo, Josef, Gott führt dich
aus der Not,
Jo-Jo, Josef, gibt allen
durch dich Brot.

Jo-Jo, Josef, was andre
bös' gedacht,
Jo-Jo, Josef, hat Gott doch
gut gemacht.

Erkläre ohne Worte, wie das Spiel „Jojo" funktioniert.
„Jojo" passt zu Josef, denn wie ein Jojo ……………………………………………
………………………………………………………………………………………………

Schritt 16 | Gott ist ein Gott, der mitgeht

Lisa steht zu ihrem Teddybären. Sie lächelt – ein bisschen Distanz ist schon dabei. Ob Bär oder Hase oder Nuckeltuch: Wichtig ist ein Stück „mobile Heimat" und besser noch als Plüsch ist ein lebendiger Begleiter.

Es geht um …

Der Unterricht öffnet folgende Fragehorizonte:

- Wer ist Mister M.?
- Wofür bekommen Menschen Denkmäler (oder Orden)?
- Gibt es Wunder?
- Wer tut Wunder?
- Was erfährt Mose von Gott?
- Was hat Ehrfurcht mit Achtsamkeit zu tun?

Darauf kommt es an …

Die Schülerinnen und Schüler

- können das Bedürfnis, nicht allein zu sein, nachempfinden und beschreiben;
- kennen die Geschichte von Mose im Binsenkorb und können sie erzählen;
- kennen die Geschichte von Mose am brennenden Dornbusch und können Gottes Selbstvorstellung deuten;
- bedenken die Erfahrung, dass Gott aus Knechtschaft befreien will;
- werten die Erfahrung, dass Gott auf der Seite der Schwachen und Leidenden ist;
- unterscheiden profane und Heilige Orte in Zeit und Raum;
- entwickeln ihre eigenen Formen von Achtsamkeit.

Die Schritte im Einzelnen

Seite für Seite

Seite 148: Stolz, ruhig und aufmerksam sitzt er da – der berühmte Mose von Michelangelo (zwischen 1513 und 1516 als Spätwerk vollendet, steht in der Kirche „Pietro in Vincoli" in Rom). Als Anekdote wird erzählt, nach Vollendung der Statue habe der Künstler sein Kunstwerk lange Zeit getrachtet. Schließlich habe er, überzeugt von der Lebendigkeit des Moses, angefangen, mit ihm zu sprechen und habe ihn aufgefordert: „Sprich doch!" Als er keine Antwort erhielt, sei er so zornig geworden, dass er ihm mit dem Meißel auf das Knie schlug. – Kommt dieser Mose auch Schülerinnen und Schülern heute so lebendig vor? Es wird auch gesagt, dass sein Gesichtsausdruck und seine Haltung je nach der Position des Betrachters mal ruhig und gelassen, mal zornig und bedrohlich wirken.

> Noch heute lässt sich ausgiebigst darüber streiten, wie der „Moses" aufzufassen sei. Gemeinsam ist allen bisherigen Deutungen jedoch, dass sie auf jenen Augenblick zielen, da Moses vom Tanz um das Goldene Kalb erfährt. Auch die „Strahlen" oder „Hörner", die auf dem Haupte des Propheten auszumachen sind, sorgen immer noch für vielerlei unterschiedliche Ansichten, die auf einem schlichten Übersetzungsfehler beruhen könnten: Im Bibeltext heißt es, als der Herr zum zweiten Male das Gesetz auf Tafeln schrieb (bei der zweiten Sinaibesteigung Moses), habe das Gesicht des Propheten „Strahlen geworfen". In der Vulgata (Bibelübersetzung des Hieronymus) unterlief besagter Übersetzungsfehler, der die „Strahlen" zu „Hörnern" werden ließ: „quod cornuta esset facies sua". So wäre Moses hier vor, während oder auch kurz nach der Unterredung mit dem Herrn bei seiner zweiten Sinaibesteigung dargestellt. Auch die Frage nach Haltung und Bewegung der Figur konnte nie mit Übereinstimmung geklärt werden. Man ist sich noch immer uneinig darüber, ob der Moses von Kraft und somit starker Muskelbewegung oder von ruhiger, sinnlicher Haltung oder gar Erschlaffung gekennzeichnet ist. (Aus einem Rom-Führer, von Schülerinnen und Schüler des Th. Heuss-Gymnasiums in Freiburg erstellt; www.zum.de.THG/rom)

Seite 149: Der Moses von Rembrandt (1659 gemalt, heute in der Gemäldegalerie in Berlin) ist da eindeutiger zu bestimmen: Er ist zornig, geradezu am Wüten. Die Gesetzestafeln, die Gott ihm anvertraut hat, wird er zerschmettern. Denn das Volk, dem sie dienen sollen, ist untreu geworden. Einen Gott aus Gold haben sie sich gemacht statt Jahwe, der sie aus Ägypten befreit hat, zu verehren.

Seite 150: Scheinbare Idylle – drei schöne Frauen, ein Kind im Körbchen. Im Hintergrund steht der Mordbefehl des Pharao, vor dem Mose nur gerettet werden kann, indem seine Mutter ihn „aussetzt".

Seite 151: Die Radierung von Rembrandt „Mose am brennenden Dornbusch". Eine Meditation zeigt, welche Gedanken und Assoziationen sie auslösen kann:

> Rembrandt hat die Szene gemalt. Mitten im Bild steht ein Mensch. Erstaunen, vielleicht sogar Entsetzen auf seinem Gesicht. Seine Augen sehen etwas. Wie angewurzelt bleibt er stehen. Aber was er sieht, ist verborgen. Undurchdringlich das Gestrüpp. Wie eine Wand baut es sich im Hintergrund auf. Vor ihm drängen die Schafe nach vorne. Laufen schon aus dem Bild. Der Mann scheint ihnen folgen zu wollen. Seine Hand weist auf sie. Es ist, als ob er etwas abwehrt. Nur was? Der Kopf ist eingezogen, die Beine abgefe-

Schritt 16 | Gott ist ein Gott, der mitgeht

dert. Der Betrachter ahnt: Dieser Mann kommt aus der Geschichte anders heraus, als er hineingekommen ist. – Ein Berg, Einöde, Gestrüpp, Dornen. In karger Landschaft hütet Mose die Schafe seines Schwiegervaters Jethro. Weitab vom nächsten Dorf, der nächsten Oase. Hier kommt es zu einer Begegnung, die Spuren hinterlässt und unheimlich ist bis heute. Dabei sind es nur Augenblicke, Worte und ein Licht. Mose wird angesprochen und bekommt sein Gegenüber doch nie zu Gesicht. Mose zieht die Schuhe aus und hört doch nur, es sei heiliges Land. Mose verhüllt sein Gesicht und sagt nur: Hier, hier bin ich. Alles andere kommt über ihn. Dass das Leiden der Menschen von Gott wahrgenommen wird. Dass Menschen in ein neues Leben geführt werden. – Am Schluss weiß Mose nicht einmal, wie ihm geschieht. Sollte er nun zum Pharao gehen und das Volk Israel aus der Unterdrückung führen? Hatte er aber nicht im Ohr, Gott selbst wolle sich an die Spitze stellen?" (Manfred Wussow, Aachen, www.predigtforum.de)

S. 152: Nach den Bildern nun Worte: Gott stellt sich vor, er offenbart seinen Namen und damit zugleich auch die Bedeutung dieses Namens: Gott ist auf der Seite der Unterdrückten, er will sie befreien und retten – retten *lassen*. Und Mose? Der ist zunächst einmal nur erschrocken. Betroffen ist er. Die Not seines Volkes betrifft ihn, er wird in dieser Begegnung dazu berufen, diese Not zu beenden.

S. 153: Die Geschichte der Wüstenwanderung liest sich wie ein Hymnus mit vielen Refrains: In der Strophe jeweils entsteht eine Not, an der die geretteten Israeliten zu verzweifeln drohen. Sie beklagen sich bitter bei Mose, Mose reagiert unterschiedlich, bald verzagt, bald zornig. Im „Refrain" dann hilft Gott, machtvoll, zuverlässig. Er tut Wunder. Man kann etwas Wichtiges über Wunder lernen, etwas, das Jesus auch erlebt: Wunder mögen wohl retten – sie eignen sich aber nicht, um Beziehungen zu festigen oder um zu beglaubigen oder um Glauben zu stiften. (Sonst wäre es ja nicht immer wieder das gleiche „Lied" mit dem Zweifeln und dem Murren.)

S. 154: Was geht Mose uns an? Die Erfahrung des Mose geht uns an: Gott ist ein Gott, der mitgeht. Gott ist ein Gott, der das Unrecht sieht und die Unterdrückten befreien will (= lässt). In der Bonner Münsterbasilika hat es im Jahr 2001 eine Installation zur Adventspredigt gegeben, deren 2. Bild das im Schulbuch abgebildete ist. Dazu gibt es folgenden Kommentar:

> „Ich habe das Elend meines Volkes gesehen", so beginnt Gottes Rede aus dem brennenden Dornbusch. Wir müssen nur die Abendnachrichten im Fernsehen anschauen, um das Elend der Menschen heute zu erleben, wenigstens das, was Schlagzeilen macht. Vielleicht hätten wir früher über das Wort „Elend" gelächelt, es als veraltete biblische Sprache abgetan, aber seit dem 11. September wissen wir wohl alle wieder, was Elend ist. Unsere scheinbaren Sicherheiten sind plötzlich dahin, nicht nur die Türme des World-Trade-Center sind zusammengebrochen. Heute erleben wir die Not in Afghanistan und schauen enttäuscht auf die Friedlosigkeit im Nahen Osten. Aber das Elend in der großen Welt ist nicht allein das Thema Gottes – auch unsere ganz persönliche Not sieht er – auch wenn wir manchmal glauben, er sei abwesend. „Vernimm doch mein Flehen; denn ich bin arm und elend", betet der Psalmist. Im gleichen Psalm 142 heißt es: „Ich schütte vor ihm meine Klagen aus, eröffne ihm meine Not." Unser Mann hinter Gittern hat viele in diesem Advent gesehen, die so vor Gott hingetreten sind … (Wilfried Schumacher, Pfarrer & Stadtdechant; www.bonner-muenster.de)

Die Schritte im Einzelnen

Tipps und Tricks

Mose – verorten

Schülerinnen und Schülern der 5. bis 7. Klasse fehlt entwicklungsgemäß noch das Gefühl für längere Zeiträume. Als Hilfskonstruktion bietet sich deshalb immer das Erstellen einer Zeitleiste an. Historische Eckdaten (s. u.) können immer genutzt werden, wenn die Themen es anbieten. In der Klasse aufgehängt, kann der Zeitstrahl auch dauerhaft an der Wand verbleiben. Es kann Rückbezug darauf genommen werden. Auf haltbarem Material und mit passenden Bildmotiven ergänzt kann ein solcher Zeitstrahl auf einem Flur dauerhaft ausgestellt werden.

In einem ersten Schritt nähern sich die Kinder ihrem eigenen Zeitabschnitt. Dazu wird auf eine Heftseite im Längsformat ein Zeitstrahl gezeichnet. Mittig auf der Seite liegt das Geburtsjahr. Dazu werden dann die Geburtsjahre der Eltern und Großeltern und für die Zukunft mögliche weitere persönliche Daten, wie Schulabschluss, Hochzeit usw., eingetragen.

In einem nächsten Schritt wird eine Zeitleiste auf einer Tapetenrolle angefertigt. Von der Gegenwart wird dann Schritt für Schritt der Weg in die Vergangenheit anhand von markanten historischen Daten eingetragen. Hier kann der Geschichtslehrer einbezogen werden: 1945 Ende des II. Weltkrieges, 1871 Deutsches Kaiserreich, 1789 Französische Revolution, 1492 Entdeckung Amerikas und Beginn der Neuzeit, Mittelalter mit der Ritterzeit, 4. Jahrhundert Untergang Roms und Ende der Antike, das Jahr 0: Christi Geburt (!), 7-5-3 Rom schlüpft aus dem Ei, sagenhafte Gründung Roms, 776 v. Chr. die ersten Olympischen Spiele der Antike in Griechenland, bis hin in die Zeit der Pharaonen mit Tutenchamun um 1340 v. Chr. Nun sind wir bei der Lebenszeit des Mose angelangt.

Um den Schülerinnen und Schülern den Zugang zu dieser Zeit zu erleichtern, kann ein Erlebnis-Parcours aufgebaut werden. Dazu werden Fühlsäcke oder Schuhkartons mit einem Loch zum Hineinfühlen bereitgestellt. In den Behältnissen können raue Steine, pieksendes Gras, grober Leinenstoff usw. einen haptischen Eindruck vermitteln. Orientalische Gerüche können durch Räucherstäbchen oder Duftlampen erzeugt werden. Auch der Geschmackssinn kann einbezogen werden: Im Winter gibt es getrocknete Feigen und im Sommer frische Datteln, Süßigkeiten der Antike, die die Kinder probieren können.

Zur weiteren Veranschaulichung können Legebilder gestaltet werden. Stoffe, Tücher, Bänder, Glassteine usw. – die Möglichkeiten sind unendlich. Aus Pfeifenputzern können dazu Figuren geformt werden. Lernen mit allen Sinnen, hineintauchen in die antike Welt des Orients – so kann der neue Stoff haften.

Schritt 16 | *Gott ist ein Gott, der mitgeht*

Arbeitsblatt 30: Gott zeltete

Am Anfang des Johannesevangeliums (Joh 1,14) heißt es von Jesus, dem Wort Gottes, dass er bei den Menschen zeltete. Manche Bibelherausgeber haben auch anders übersetzt – was steht in *deiner* Bibel?

Das Lied spielt mit den wichtigsten Worten dieses Textes. Singt es.

Klärt: Passt das Lied auch zu den Mose-Geschichten? Warum (nicht)?

Die Schritte im Einzelnen

Arbeitsblatt 31: Gott zeltet auch heute

Wien, Ocwirkgasse

Moderne Kirchen sind oft eigenwillig gebaut – schaut euch im Internet verschiedene Kirchen an; skizziert sie. Sprecht darüber, was ihre Form wohl zu bedeuten hat.

Bedenkt, warum manche Menschen feste Häuser bauen und andere Zelte aufschlagen! Schaut auch noch einmal auf die Überschrift von Kapitel 16 in RELi + wir.

Was würden andere Worte für „Gotteshaus" (wie z. B. „Hütte" oder „Palast" oder .....) über Gott sagen?

Schritt 17 | P.S.: Ich lieb dich

Liebe ist nicht zu erklären. Sie kommt, sie geht, sie tut Wunder – und tut weh. Liebe, die durchhält, ganz gleich, wie sich der andere verhält, ist sicher kostbar genug, um sie sich an die Pinnwand zu hängen.

Es geht um …

Der Unterricht öffnet folgende Fragehorizonte:

- Wie ist das, wenn man Liebeskummer hat?
- Gibt es Heilmittel gegen Liebeskummer?
- Was bewirkt Liebe in zwischenmenschlichen Beziehungen?
- Kann man Liebe an Bedingungen knüpfen?
- Kann man zu viel lieben?
- Vernunft-Ehe – was ist das? Was ist davon zu halten?

Darauf kommt es an …

Die Schülerinnen und Schüler

- können die Hoffnung beschreiben, geliebt zu werden;
- können den Schmerz enttäuschter Liebe beschreiben;
- kennen die Geschichte von Jakobs Werben um Rahel;
- bedenken die Erfahrung, dass der „Betrüger" Jakob auf einmal der Betrogene ist;
- diskutieren Jakobs Entscheidung, Lea und Rahel zu seinen Frauen zu machen;
- unterscheiden biblische und heutige Auffassungen von der Ehe.
- verfolgen ihren individuellen Traum einer gelingenden Beziehung.

Die Schritte im Einzelnen

Seite für Seite

Seite 156: „Junges Mädchen von hinten" heißt das Bild von Salvador Dalí, das diesen Schritt leitmotivisch gestaltet. Ein wenig altertümlich mutet es an, unnahbar in der abgewandten Position, begehrenswert im weißen Kleid die nackte Schulter, dunkle Haut, dunkles Haar. Sie eignet sich als Traumbild für den Einstiegstext ebenso wie später als Illustration für Jakobs Liebe zu Rahel.

S. 157: Betteln und Würde bewahren – geben, ohne die Würde des Nehmenden zu verletzen: Beides sind Aufgaben, die selten befriedigend gelöst werden. In der bekannten Anekdote (der Dichter ist Rainer Maria Rilke) gelingt es: Die Rose, die Rilke der Bettlerin schenkt, entlockt ihr ein Lächeln und bewirkt, dass die Frau viele Tage lang nicht an ihrem gewohnten Platz gesehen wird. „Wovon hat sie in dieser Zeit gelebt?", wird Rilke gefragt. „Von der Rose", antwortet er. „Der Mensch lebt nicht vom Brot allein", möchte einem dazu einfallen. Aber die Kehrseite der Medaille ist: Niemand kann von Luft und Liebe leben. „Unser tägliches Brot gib uns heute."

S. 158/9: Romantische Liebe will geben und nehmen – in unterschiedlicher Selbstlosigkeit und Geduld. Das ist zunächst ein anderer Fall als der der liebenden Wertschätzung, die Menschen, die sich als Gottes Geschöpfe begreifen, dem Mitmenschen und Mitgeschöpf entgegen bringen: „Die Liebe ist langmütig und freundlich" ... (1 Kor 13). Dass dennoch viele Liebespaare sich auf das paulinische Ideal selbstloser Liebe berufen, hat wohl damit zu tun, dass auch die romantische, die erotische Liebe einen hohen Maßstab braucht. Wie leicht endet sie sonst in Eifersucht, in Gleichgültigkeit, in Hass? Diese und jene Liebe sind im Kern von derselben Art: Sie sind nur reif, wenn sie mit Achtung einhergehen für sich selbst und vor dem anderen.

S. 160-162: Jakob ist einer, dem alles gelingt. Er steht unter Gottes Segen. Aber dann – dieser Laban: Von Anfang an erscheint er verdächtig. Arbeit gibt er dem Neffen, das ist kein Opfer, das bringt ihm große Vorteile. Und dann das: Du liebst meine Tochter?, fragt er und überlegt: Also gut, ich gebe sie lieber einem Verwandten als einem Fremden. Das hindert ihn nicht, Jakobs Angebot anzunehmen: Sieben Jahre dienen. Die sieben Jahre vergehen wie wenige Tage (eine der schönsten Liebeserklärungen der Bibel: So diente Jakob um Rahel sieben Jahre, und es kam ihm vor, als wären's einzelne Tage, so lieb hatte er sie, 1 Mose 29,20) – und dann ist der Betrug am Licht: Jakob erhält nicht Rahel – er muss erst Lea, die ältere Schwester heiraten. Als er Laban deshalb zur Rede stellt, stellt Laban ihm – unter Verweis auf die Sitten des Landes -, wie ich mir vorstelle, grinsend frei, noch einmal sieben Jahre für die andere Tochter zu dienen. Es mag verblüffen, dass Jakob darauf eingeht. Rührt seine Geduld von seinem schlechten Gewissen her? Er hat betrogen – nun duldet er es, betrogen zu werden. Und außerdem: Will er denn nach Hause? Kann er denn? Hat sein Bruder Esau den Betrug schon vergessen? Jakob bleibt und er bleibt ruhig. Und erst, als er allzu reich wird (wieder ein Betrug? Das ist nicht recht deutlich), sieht er zu, dass er von Laban loskommt. Es scheint eine Flucht zu werden, wie damals von zu Hause, aber diesmal ist es Laban, der sich zu Geduld und Einlenken entschließt. Er küsst seine Töchter und Enkelkinder und lässt den Schwiegersohn in Frieden ziehen.

Schritt 17 | P.S.: Ich lieb dich

Tipps und Tricks

Liebe und vor allem das Ende einer Liebe sind den Schülerinnen und Schülern nur allzu sehr vertraut. Beinahe jede zweite Ehe wird geschieden, statistisch im neunten Ehejahr. Patchwork-Familien sind schon fast der Regelfall. Mädchen und Jungen beginnen in der 6./7. Klasse, sich füreinander zu interessieren.

Geschlechtergerechtigkeit – geschützte Räume bieten

Um sich im Unterricht zu einem solch sensiblen und persönlichen Thema ungeschützt äußern zu können, macht es Sinn die Koedukation aufzuheben. Hier kann der Nachteil einer Eckstunde zum Vorteil gewandelt werden, in dem man einmal nur die Mädchen, dann nur die Jungen zur kleinen Gesprächsrunde da behält. Vielleicht ist auch ein benachbarter Klassenraum frei und die Lerngruppe kann so geteilt werden. Wenn in Kleingruppen gearbeitet wird, dann ist es in diesem Fall sinnvoll, den Kindern die Einteilung selbst zu überlassen. Gespräche mit vertrauten Klassenkameraden sind intensiver. Kleingruppen können sich auch in den Flur vor den Klassen zurückziehen.

Liebeskummer – Sicherheitsabstand einbauen

Ein „Fallbeispiel", das die Lehrerin einbringt, hilft Schülerinnen und Schülern, die noch keine eigenen Erfahrungen mit Liebeskummer gemacht haben, sich dieser Situation zu nähern: Ich habe in der großen Pause Aufsicht gehabt. Das Pärchen, das immer an der Tischtennisplatte gestanden hat, war heute nicht da. Der Junge stand allein und traurig am Kiosk, das Mädchen stand geistesabwesend in einer Mädchengruppe … Was mag vorgefallen sein?

In einem Brainstorming werden an der Tafel Begriffe zum Stichwort Liebeskummer gesammelt. Je nach Lerngruppe kann man z.B. eine Reduktion auf die 7 wichtigsten Begriffe vornehmen. In Gruppenarbeit werden DIN-A3-Blätter verteilt. Die Schüler teilen dann mit Hilfe der Begriffe, die auch um eigene erweitert werden können, Liebeskummer in unterschiedliche Phasen ein. In der Präsentations- und Auswertungsphase werden die Blätter an der Tafel zu einer Zusammenschau aufgehängt. Welche Phasierungen haben sich ergeben? Inwieweit ähneln und unterscheiden sich die Plakate? Kann ein Konsens der Reihenfolge gefunden werden? Wie kann ein Ende des Liebeskummers aussehen, der die Sache zum guten Abschluss bringt: In Gedanken alles in eine Schublade legen und diese Schublade schließen oder auch die Gedanken ausstreichen, indem man sich durch das Gesicht fährt, die Gedanken mitnimmt und die Hände dann kräftig ausschüttelt.

Mit Schülerinnen und Schülern der Klasse 7 können zum Abschluss noch die Forschungsergebnisse der Wissenschaft besprochen werden, die den Liebeskummer in fünf Phasen unterteilt: 1. Nicht-wahrhaben-wollen, 2. Aggressionen, 3. Traurigkeit, 4 Reflexion und 5. Akzeptanz. Inwieweit sind die Arbeitsergebnisse deckungsgleich mit den Forschungsergebnissen? Das Fallbeispiel aus der Lehrererzählung zur Veranschaulichung der Phasen kann noch einmal herangezogen werden.

Arbeitsblatt 32: Verdient oder geschenkt?

Die Übersetzung eines alten japanischen Gedichtes lautet:

	HA-	BE	BROT	GE-	KAUFT	
RO-	SEN	BE-	KAM	ICH	GE-	SCHENKT
	ICH	GLÜCK-	LI-	CHER	MENSCH	

> ➢ Sieh in Schritt 17 des RELi-Buchs: Woran erinnert dich der japanische Dreizeiler?
> ➢ Den Clou des Textes spürst du, wenn du die Worte „Brot" und „Rosen" miteinander vertauschst!
> ➢ Denke dir eine Geschichte aus, die mit dem Satz endet: „Das hab ich gar nicht verdient!"

Wenn jemand in einer alltäglichen Kleinigkeit etwas Großes entdeckt oder durch eine kurze Erfahrung viel gelernt hat, dann könnte er ein Sprichwort daraus machen (nenne welche). Wenn er Japaner ist, macht er ein Haiku. Dazu muss er es schaffen, das große Erlebnis im Kleinen mit nur drei Zeilen und insgesamt 5+7+5 Silben aufzuschreiben (s.o.)

> ➢ Schreib dein eigenes Haiku: Ist dir etwas scheinbar Nebensächliches wichtig geworden? Hast du etwas erlebt, beobachtet, gefühlt, das du nicht vergessen willst?

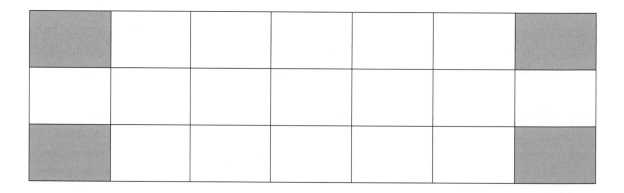

Schritt 18 | Geschwister!

Eifersucht ist eine Leidenschaft, die mit Eifer sucht, was Leiden schafft. Das ist die eine Wahrheit. Die andere: Eifersucht hat noch nie geholfen. Sie macht den Eifersüchtigen kaputt. An der Tatsache parteiischer Liebe ändert sie nichts.

Es geht um ...

Der Unterricht öffnet folgende Fragehorizonte:

- Wie ist das, wenn man richtig wütend ist?
- Kann man Wut erklären?
- Nützt es, Beweggründe der Wut aufzudecken?
- Wie entsteht Eifersucht?
- Was bewirkt Eifersucht in zwischenmenschlichen Beziehungen?
- Was ist Verantwortung?

Darauf kommt es an ...

Die Schülerinnen und Schüler

- sind in der Lage, Ärger und Wut zu beschreiben und Gründe dafür anzugeben;
- zu unterscheiden zwischen jähem Zorn und dem Hintergrund, auf dem er sich angesammelt hat;
- kennen die Geschichte von Kains Eifersucht auf Abel und vom ersten Mord;
- können erklären, welche Folgen der Mord (an Abel) für den Mörder hat;
- verstehen die Geschichte von Kain und Abel als Urgeschichte über die Natur des Menschen;
- diskutieren Verhaltensalternativen zu „blinder Wut" / „blinder Eifersucht";
- suchen Wege, mit ihren eigenen Wut- und Ohnmachtgefühlen verantwortlich umzugehen.

Die Schritte im Einzelnen

Seite für Seite

Seite 163: Wahrscheinlich hat sich Erkans Wut über seine Mutter ergossen – die, wie der Text nahelegt, nun wirklich nicht die Hauptschuld an seiner miesen Laune trägt. Von Ursache und Anlass lässt sich hier sprechen, am Beispiel kann man leichter unterscheiden lernen als am eigenen Leib.

S. 165: Das surrealistisch anmutende Bild macht das Unbehagen spürbar, das sich einstellt, wenn man „in Schubladen" gesteckt wird. „Mal ganz anders sein", schwärmte neulich ein Schüler. Er erzählte, er spiele ein Internet-Rollenspiel – da habe er sich mit neuem Namen, weiblich, älter usw. vorgestellt und genieße es, in dieser ihm fremden Rolle Kontakte zu knüpfen und ernst genommen zu werden.

S. 166/167: Manchmal mag es ja wirklich so sein, dass sich die Umwelt gegen einen verschwört. Man eckt an, man kann sich nicht durchsetzen, es scheint, als sei man im falschen Film. Aber viel ist auch dran an der Rede von der self-fulfilling prophecy: Wer denkt: Sie werden mich wohl nicht mögen, der strahlt auch seinerseits nicht aus: Da bin ich; ich weiß, dass ihr mich mögt. Es kann helfen, die Perspektive zu wechseln: das hässliche Entlein von innen und von außen, der prächtige Schwan von innen und von außen.

S. 168/169: Warum hat Gott Kains Opfer „nicht gnädig angesehen" (1 Mose 4,5)? – Diese Frage wird immer wieder an den Bibeltext herangetragen. Da steht aber nichts, nichts als die lapidare Feststellung, dass es so war: Abels Opfer „kam an", das von Kain aber nicht. Es tut der Geschichte Unrecht, nun zu interpretieren: Kain war wohl selbst schuld; vielleicht war er nicht mit dem Herzen dabei, vielleicht war Abel besser, frömmer – oder, wer weiß: Vielleicht wollte Gott Kain prüfen? Nein, das gibt der Text nicht her – und das sollte man ernst nehmen. Wahrscheinlich kommt es gar nicht darauf an. Worauf es ankommt, ist: Wie geht Kain mit der Zurückweisung um? Er „ergrimmte" und „senkte finster seinen Blick". Da nun wird deutlich, dass Gott Kain durchaus im Blick hat, möglicherweise genauer als Abel. Gott mischt sich ein. Er warnt Kain davor, den negativen Gefühlen freien Lauf zu lassen: „Herrsche über sie!"

Kain kann der Warnung nicht entsprechen; das böse Geschehen nimmt seinen Lauf. Wieder so eine Frage: Warum hat Gott das zugelassen? Hätte er nicht Abel retten müssen – und Kain vor sich selbst? Auch das ist nicht im Horizont der Geschichte. Der Mord geschieht, wie zuvor auch die Ungerechtigkeit der unterschiedlichen Opfer-Annahme geschehen ist. So ist das Leben, scheint der Bibeltext resigniert festzustellen. Unrecht geschieht, Mord geschieht. Keine Beschönigung. Kein „deus ex machina", der ein Wunder dagegen setzt. Auch hier kommt es wieder darauf an, was Gott „danach" sagt: „Wo ist dein Bruder?" – die Frage nach der Verantwortung. „Was hast du getan? Das Blut deines Bruders schreit zu mir von der Erde" – die Frage der Schuld. Und dann das Wunderbare: Kains Weg ist mit dieser Schuld nicht zu Ende. Auch für den Mörder gibt es ein Morgen, auch für ihn gilt: Gott will nicht den Tod der Übeltäter, sondern dass sie sich bewähren (Ezechiel 18,23).

Schritt 18 | Geschwister!

Tipps und Tricks

Mit Wut umgehen – ein Gedankenexperiment

Zur Vorbereitung wird ein Blatt hochkant gelegt und wie ein Fächer (Leporello) gefaltet. Die so entstandenen Fächerfalten werden später als Seiten genutzt – ein kleines Faltbuch entsteht, das von vorn nach hinten beschriftet und durchgeblättert werden kann.

Für das Gedankenexperiment ist es wichtig, eine ruhige Unterrichtsatmosphäre zu schaffen. Entspannte Sitzpositionen helfen dabei. Die Arme auf dem Tisch verschränken und sich mit dem Kopf auf das gemachte Nest legen. Die Schüler werden aufgefordert, sich in Gedanken in eine Situation zu begeben, in der sie richtig wütend waren. Unterstützende Fragen helfen, sich in die Situation zu versetzen: Wo bist du? Stell dir die Umgebung genau vor. Welche Personen sind anwesend? Wer spricht zuerst? Wie reagierst du darauf?

Im nächsten Schritt wird das Leporello gestaltet. Die erste Falte erhält eine Überschrift und einen Untertitel. Die nächsten Falten helfen, die Situation gegliedert niederzuschreiben. Das kann in Form von Sätzen oder Stichworten sein. Verschiedene Schreibfarben können die Worte optisch unterstützen.

Danach können die entstandenen Leporellos unterschiedlich für die Weiterarbeit genutzt werden. Ziel ist es, die Wutgefühle zu kanalisieren und Lösungsmöglichkeiten aufzuzeigen, die tragfähige Handlungsmuster für künftige Wut-Situationen sein können.

> In einer Ausstellung werden die Leporellos der Klassengemeinschaft zugänglich gemacht. Jeder Schüler sucht sich eines aus und schlägt dem Schreiber eine Reaktionsmöglichkeit vor.

> Der Lehrer kann die Leporellos einsammeln und exemplarisch einige interessante Beispiele vorlesen (Anonymität des Schreibers wird so gewahrt). Welche Strategie kann im Umgang mit den Wutgefühlen gefunden werden? Kann ein Cool-down-Ritual hilfreich sein und eine Überreaktionen vermeiden?

> Alternativ bietet sich an, dass der Lehrer weitere ausgewählte Beispiele in der nächsten Stunde in neutraler Schrift wieder mitbringt. 4er-Gruppen werden gebildet. Jede Gruppe bekommt ein Blatt mit einem Fallbeispiel. Jedes Gruppenmitglied schreibt nacheinander seine Lösungsmöglichkeit auf. In der Gruppe wird dann der beste Vorschlag gewählt. Ein Sprecher wird bestimmt, der die Lösung vortragen kann, dazu ein Unterstützer, der weitere Argumente beisteuern kann. Im Plenum entsteht so ein Pool von Lösungsstrategien, die z.B. auf einem Lernplakat verschriftlicht werden können und im Bedarfsfall im Klassenraum vorhanden sind. Ergebnisse sind aus der Gruppe und für die Gruppe gewachsen. Die vielfach eingeforderten Kompetenzen des sozialen Lernens, hier im Sinn der Teamfähigkeit, werden durch das Initiieren solcher diskursiver Lernprozesse gefördert.

Die Schritte im Einzelnen

Arbeitsblatt 33: „Offene Hand" und „Geballte Faust"

Häuptling „Geballte Faust" ist zum Medizinmann „Offene Hand" gegangen und klagt, dass er die Faust gar nicht mehr öffnen will (kann?). Aber warum auch? „Faust" ist doch stärker und besser als „Hand" – oder? Der Medizinmann „Offene Hand" sieht das anders und erfindet für den Häuptling eine „Therapie":

1	Schau auf die Faust: Wie die Finger sich krümmen, ein jeder geschlagen vor dem eigenen Schlag.	6	Öffne die Hand: Sie kann halten und tragen; kein Zeichen von Schwäche, wenn ein andrer sie hält.
2	Schau auf die Hand: Das Gefühl in den Spitzen – so streckt sie geöffnet sich hinaus in die Welt.	7	Schau auf die Faust: Wer nur festhält, verarmt bald. Am Brunnen braucht jeder ein leeres Gefäß.
3	Schau auf die Faust, wie sich rückwärts gerichtet die nichts mehr ertasten – in sich selbst eingerollt.	8	Schau auf die Hand, wie zum Nehmen und Geben dieselben zwei Schalen jedem Menschen zur Hand.
4	Öffne die Hand: Sieh die Richtung der Finger gedreht und gewendet weisen sie stets nach vorn.	9	Schau auf die Faust, wie der Ballen sich furcht und die Nägel sich schneiden in das eigene Fleisch.
5	Schau auf die Faust: Sie kann gar nichts „begreifen"; ein sichtbares Zeichen von verschlossenem Sinn.	10	Schau auf die Hand: Sieh, wie Räume sich öffnen, wenn Finger für Finger sich langsam entspannt.

> Bildet 10 kleine Gruppen zu zweit oder dritt: Jede Gruppe beschäftigt sich mit einer anderen Strophe der „Anleitung" von „Offene Hand". Schließt und öffnet dazu eine Hand und versucht zu verstehen, was der Medizinmann jeweils sagen will.
> Anschließend liest jede Gruppe ihren Text vor und alle öffnen und schließen die Hand dazu.
> Jede Gruppe erklärt, wie sie die schwierigen und doppeldeutigen Stellen im eigenen Text versteht und wie sie die Botschaft dem Häuptling „Geballte Faust" erläutern würde.

Schritt 19 | Ich war fremd

Geboren, aufgewachsen, geheiratet, gestorben – im selben Dorf, im selben Haus: So ist es heute nur noch selten. Menschen ziehen der Arbeit hinterher, ihrem Partner. Sie weichen der Not. Gut, wenn dann einer mitgeht, einer, auf den man sich verlassen kann.

Es geht um …

Der Unterricht öffnet folgende Fragehorizonte:

- Wie groß ist die Welt? Wie viel kenne ich von ihr?
- Wie begegne ich anderen? Wie begegne ich mir selbst?
- Wie entsteht Vertrautheit?
- Macht „fremd" Neugier oder Angst?
- Wie ist das, wenn Aufbruch eine Flucht ist?
- Wie werden Fremde bei uns heimisch?

Darauf kommt es an …

Die Schülerinnen und Schüler

- sind in der Lage, Fremdheit relativ zu sehen: „Jeder ist fast überall fremd";
- können nachempfinden, was es heißt, neu/fremd zu sein;
- wissen, dass Ein- und Auswanderung oft nicht freiwillig geschieht und kennen Gründe;
- kennen die Geschichte von Rut und Noomi und verstehen sie als eine Geschichte von Treue und Mut;
- kennen Ruts Versprechen und wissen, dass viele Menschen es auf die Treue in der Ehe beziehen.

Die Schritte im Einzelnen

Seite für Seite

Seite 171: Erkan hat schon in Schritt 9 (S. 87) ahnen lassen, dass er weder in der Türkei noch in Deutschland hundertprozentig zu Hause ist. Vielleicht kann er darüber lächeln – aber eine Problemanzeige ist sein Zettel an der Pinnwand allemal.

Seite 172: Karen, 28, die in eine jüdische Familie eingeheiratet hat, erzählt:
> Als die gesammelte Familie bei unserer Hochzeit zusammenkam, gab es insgesamt neun Muttersprachen. Bei Besuchen hüben und drüben gibt es keine Sprache, die wirklich alle gut genug beherrschen, um sich zu unterhalten. Hebräisch, Deutsch, Englisch, Jiddisch, Französisch, Spanisch, Italienisch, Polnisch, Russisch – wenn jeder in unserer Familie auf seiner Muttersprache beharren würde, bräuchten wir mehr Dolmetscher als die EU-Vollversammlung. Aber das haben wir natürlich nicht. Es kommen auch nicht immer alle gleichzeitig zusammen – und glücklicherweise können manche mehr als eine Sprache. Wenn Schwiegereltern und Großeltern zusammenkommen, reichen drei Sprachen. Aber nicht jeder spricht jede. Weder von meiner noch von seiner Seite können alle gut genug Englisch, um sich normal zu unterhalten.
> Es braucht auch immer eine Zeit, bis alle Seiten verstanden haben, dass Sätze wie „Sag ihr, dass..." und „Erklär dieses und jenes" nicht so zielführend sind. Es ist besser, wenn jeder so spricht, als würde er direkt mit dem anderen sprechen. Ich spreche es dann einfach nach. Das klappt ganz gut. Am schlimmsten ist aber, wenn Opis und Tanten versuchen, mit Händen und Füßen Englisch zu sprechen und gleichzeitig die anderen entziffern wollen. Dann streuen sie auch noch irgendwelche Wörter ein, die niemand versteht. Missverständnisse sind vorprogrammiert, und am Ende muss ich dann doch wieder alles dreimal sagen. Und trotzdem verlaufen diese Treffen jedes Mal mit großer Freude. Wenn das Herz spricht, braucht man manchmal nicht unbedingt einen Übersetzer.

S. 174: Die Tradition vom Auszug aus Ägypten hat das Judentum nachhaltig geprägt: Die Begründung der zehn Gebote bzw. des ersten und wichtigsten lautet: Ich bin der Herr, dein Gott, der dich aus Ägyptenland, aus der Knechtschaft geführt habe. Du sollst keine anderen Götter haben neben mir ..." (1 Mose 20,2). Mit dem Passa-Fest wird es alljährlich vergegenwärtigt: Gott sieht das Elend der Geknechteten – und hilft ihnen heraus.

S.175: Die Geschichte von Rut ist handlungsreich und spannend, aber aus heutiger Warte schwer nachzuvollziehen. Dass Noomi anlässlich einer Hungersnot in Bethlehem in die „Fremde" ging, ist noch verständlich, dass sie dort nicht nur Witwe wurde, sondern auch beide Söhne verlor, scheint denkbar, wenn auch ungewöhnlich. Dass dann die Schwiegertöchter im Grunde keine Wahl haben, als zu ihren Vätern zurückzukehren, muss mit den Sitten damals erklärt werden. Ebenso das Ungewöhnliche, das darin liegt, dass Rut sich stattdessen entscheidet, der Schwiegermutter zu folgen. Das ist der Höhepunkt der Geschichte. Was dann folgt – das listenreiche Umwerben des „Lösers", des Mannes, der aus Traditions- und Verwandtschaftsgründen verpflichtet wäre, sich um Noomi zu kümmern (und damit auch um Rut), das kann erklärt, aber kaum nachempfunden werden. Fokussieren Sie die Erzählung deshalb auf Ruts Treue, auf ihren Mut – und auf das Versprechen, dessen Worte auch heute großen Eindruck machen.

Schritt 19 | Ich war fremd

Tipps und Tricks

Migrationshintergrund – auf sich selbst beziehen

Das Modewort Migrationshintergrund betrifft nicht nur „andere", es betrifft, genau betrachtet, beinahe jede und jeden persönlich. Dies zu verdeutlichen, können die Schüler nachfragen, wo die Großeltern zu Hause waren. Fotos der alten Heimat werden mitgebracht. Mit Digitalkameras werden Fotos der heutigen Heimat gemacht. (Digitalkameras sind in vielen Haushalten vorhanden; alternativ auch Foto-Handys).

Zuerst werden mit Hilfe einer Europakarte die ursprünglichen Heimatorte gekennzeichnet. Anhand der alten Fotos soll eine Fotogeschichte entstehen. Ebenso können die digitalen Bilder ausgedruckt und zu Fotogeschichten zusammengestellt werden.

Aus unterschiedlichen Gründen sind Menschen nach Deutschland gezogen und haben hier eine neue Heimat gefunden: Arbeitsmigranten, Aussiedler, Asylanten usw. Aus welchen Gründen wurde die Heimat verlassen und was wird hier besonders vermisst, was wurde neu hinzugewonnen?

Vor dem Hintergrund der Diskussion um misslungene Integration und die Entwicklung von „Parallelgesellschaften" kann mit den Schülern überlegt werden, welche Hilfestellungen zum Gelingen von Integration beitragen können. Die Kinder können einen Umfragebogen erstellen und im Umfeld ihrer Familie eine Befragung durchführen: Hast du Freunde ausländischer Herkunft? Wann warst du zuletzt bei einer türkischen Familie zu Gast? Wo begegnest du ausländischen Mitbürgern? Welche Bereicherungen auf unserem Speiseplan haben wir durch die Zugereisten? usw.

Rut war fremd – sich in eine biblische Geschichte einleben

Das Buch Rut bietet eine der wenigen biblischen Geschichten, in der eine Frau die Hauptperson ist und trotz Schicksalsschlägen ihr Leben erfolgreich gestaltet.

An Ruts Beispiel wird deutlich, dass das Kennenlernen und das Knüpfen von familiären Banden die Integration fördert und Vorurteile abbauen hilft. Rut hat das erlebt, was für die Elterngeneration der Ausländer immer noch erstrebenswert ist, die Rückkehr in die alte Heimat. Das Auffrischen von alten Freundschaften hilft, die Re-Integration gelingen zu lassen.

Auch für Rut und ihren Lebensweg kann eine Bildgeschichte gestaltet werden. Schüler kennen solche Bildgeschichten aus Jugendzeitschriften. Hierzu werden Bilder mit Hintergrund gemalt. Separat werden bewegbare Details gemalt: Personen, Häuser, Pflanzen und Accesoires. Schritt für Schritt wird die Geschichte von Rut fotografiert und ausgedruckt. Dazu können Texte geschrieben werden.

Wenn die Bildgeschichten mit dem OHP oder per PC und Beamer gezeigt werden, sprechen die Schüler ihre Texte zu den Bildern. Varianten entstehen, die die Schüler in die Lebensgeschichte von Rut und ihrer Familie hineinziehen. Menschliche Grunderfahrungen wie Verlust, Tod und Leid können bei Bedarf thematisiert werden.

Die Schritte im Einzelnen

Arbeitsblatt 34: Wohin du gehst ...

Aus: Siegfried Macht, Noch lange nicht ausgedient, Liederbuch + Doppel-CD, Strube Verlag GmbH, München-Berlin

Dazu passt der Tanz der Freundinnen

Aufstellung hintereinander in der Reihe, rechte Hand auf linker Schulter der Vorgängerin. Einsatz der Schritte auf der vierten Note des Gesanges:

- 2 ruhige Schritte vorwärts (rechts, links),
- Wechselschritt (rechts vor, links an rechts ran, rechts vor),
- auf links zurückwiegen.

Schrittmaß ist die halbe Note (im Wechselschritt zwei Viertel, eine Halbe), nach fünf Zeiten (zwei Takten) beginnt alles von vorn. Ihr könnt auch Kanon singen und entsprechend in zwei Reihen durch den Raum ziehen, aber das ist schon ziemlich schwer...

Die Jungen trommeln dazu (evtl. auch nur auf Tischen und Stühlen, jedenfalls auf 3 verschiedenen Klangebenen und mit folgendem raffinierten Rhythmus)

Zählen	1	+	2	+	3	+	4	+	5	+
hoch									Schnipp	Schnipp
mittel									Klatsch	
tief	**Bumm**		**Bumm**		**Bumm**	**Bumm**	**Bumm**			

Eine Hälfte der Jungen trommelt nur das dumpfe „Bumm" (umgedrehter Plastikpapierkorb) und „Klatsch"(t) auf 5, die andere zählt (und schlägt leise!) im doppelten Tempo und betont laut und mit scharfem Klang (Holztisch) das „Schnipp" vor und nach der 5:

Zählen	1	ä	+	ä	2	ä	+	ä	3	ä	+	ä	4	ä	±	ä	5	ä	±	ä

Vergleicht Lied und Tanz mit der Seite 175 in RELi + wir: Wen spielen die hintereinander herziehenden Mädchen? An wen erinnern die trommelnden Jungen?

Schritt 20 | Warum rennen sie so?

Nicht helfen – gemeinhin wird es mit Eile begründet. Eile kann ich aber auch vorschieben (sogar ohne es selbst zu merken), aus Unsicherheit, Trägheit, Abwehr? Ist es nicht das Gleiche mit der Kommunikation? Mail, Internet, Handy, ja – aber direkt, von Mensch zu Mensch? Lieber nicht. Keine Zeit …

Es geht um …

Der Unterricht öffnet folgende Fragehorizonte:

- Warum ist es manchmal schwer, jemandem Hilfe anzubieten?
- Rede ich am Handy anders als im direkten Gespräch?
- Was sind echte/was unechte Gespräche?
- Woran scheitern Gespräche?
- Macht Geld eigentlich glücklich?
- Was könnte wichtiger sein als Geld?

Darauf kommt es an …

Die Schülerinnen und Schüler

- kennen Beispiele für Lieblosigkeit und Gleichgültigkeit und Möglichkeiten, es besser zu machen;
- reflektieren ihren Umgang mit Handy und Mail und entdecken Wege zu echter Kommunikation;
- kennen die Wahl zwischen „Gold" und „Gott" und die Geschichte vom Goldenen Kalb;
- kennen die Geschichte von Jona, der sich fürchtete, Verantwortung zu übernehmen;
- stellen die Frage nach dem Sinn des Lebens;
- können am Beispiel „Ninive" erläutern, dass Gott Menschen, die sich ändern möchten, immer wieder eine Chance gibt.

Die Schritte im Einzelnen

Seite für Seite

Seite 177: Zuerst war die Szene anders gefüllt: Erkan berichtete von Bettlern, die er unbeachtet hat sitzen sehen. Aber: Das lädt dazu ein, auf andere zu zeigen. So entstand die Idee mit dem Kinderwagen (den auch Erkan nicht in die Bahn gehoben hat!). Vielleicht erkennt sich der eine oder andere wieder und sagt: Ja, das verstehe ich … Ich fühle mich immer so unsicher …

Seite 178/9: Gerade eben, in einem Kaufhaus: Zwei treffen sich. „Wie geht's?" – „Gut – und selbst?" Pause, beredtes Schweigen. „Ja, doch, ja, schon. Ja, eigentlich … – Hoffen wir, dass es so bleibt." Es schien, als wolle die zweite Gesprächspartnerin gern die Redekonvention brechen, persönlicher werden, ehrlicher. Sie öffnete der Nachfrage Tür und Tor. Aber die Nachfrage kam nicht. So genau wollte die andere es dann doch wohl nicht wissen.

Seite 180: Der junge Mann, der Jesus seine Frage nach dem Sinn des Lebens stellt, ist gewiss ehrlich bemüht. Er spürt auch ein Defizit: äußere Sicherheit und „Es geht gut" – das kann noch nicht alles sein. Was gibt es noch?, fragt er Jesus. Er will es wissen. Aber tun – tun dann doch nicht. – Der auffälligste Satz in dem Bibeltext ist der: „Und Jesus sah ihn an und gewann ihn lieb … (Mk 10,21).

Seite 181: Das Motiv der Untreue des Volkes, das – gerade gerettet – den Retter verlässt und anderen Göttern anhängt, zieht sich durch das gesamte Alte Testament. Propheten haben den fremden Göttern den Kampf angesagt, und zwar aus zwei Gründen. Zum einen „schulden" die Israeliten ihrem Gott Treue, zum anderen sind sie „dumm", wenn sie abfallen: Denn Gott allein sei wirklich mächtig. Die anderen Götter sind selbstgemacht – im Fall des Goldenen Kalbs sehr augenfällig.

S. 182/183: Wenn Propheten in der Schule behandelt werden, geht dies oft mit einer Reduktion der Botschaft auf zwei Thesen einher: „Ihr seid schlecht" und: „Gott wird euch strafen." Das ist unanschaulich, fremd, alt und „geht uns nichts an", wie neulich eine Schülerin sagte. Im Zusammenhang von Schritt 20 ist das anders: Was Menschen schlecht machen können, dürfte greifbar und anschaulich geworden sein: Nicht aufeinander achten, nicht richtig miteinander reden, sich ängstlich oder gleichgültig zurückziehen, den Sinn des Lebens übersehen, verfehlen, nicht nach ihm suchen. Auch das: weglaufen vor Verantwortung, wie Jona es tat.

S. 184: Jona kehrt schließlich um und macht es besser. Die Leute von Ninive kehren auch um. Und Gott gibt ihnen eine zweite Chance. Was das Schülerbuch unterschlägt: Jona ärgert sich furchtbar über die zweite Chance, die Gott den Leuten von Ninive gibt. Hier klingt ein Motiv an, das Jesus in der Geschichte vom verlorenen Sohn aufgreift (S. 236-238 im Schülerbuch): Der „Ordentliche", der enttäuscht ist, wenn der „Unordentliche" nicht seine „gerechte" Strafe erhält. „Er war verloren und ist wiedergefunden", sagt der Vater in Jesu Gleichnis. Darum: „Sei fröhlich und guten Mutes." (Lk 15,32)

Schritt 20 | Warum rennen sie so?

Tipps und Tricks

Optimierung und Effizienz sind Schlagworte, die das zunehmende Arbeitstempo unserer Zeit charakterisieren. Bietet da nicht gerade das Fach Religion die Möglichkeit, das Tempo zu drosseln, zu ent-schleunigen? Sich Zeit zu nehmen für die wirklich wichtigen Themen und Lerninhalte und durch die Langsamkeit tiefer und intensiver in die Materie einzudringen? Das birgt zugleich die Chance, die Qualität zu sichern und Kompetenzen im sozialen Miteinander zu fördern. Unser Vorschlag: Die Schülerinnen und Schüler entwickeln Lernspiele.

Lernen – selbst gemacht!

➢ In Quizform sollen Lerngegenstände abgefragt werden: „Wer wird Religionär?" Dazu wird das Thema Jona in Themenbereiche gegliedert. Fragen unterschiedlicher Schwierigkeitsgrade werden unterschiedlichen Punktwerten zugeordnet. Die Kandidaten dürfen sich Mitstreiter als Joker wählen. Der Lehrer ist der Moderator, der die jeweiligen Fragen vorliest und die Punkte verteilt.

Bibel: Jona	Ninive	Israel	Symbole	Sonstiges
50 Punkte	50 Punkte	50 Punkte	50 Punkte	50 Punkte
100 Punkte	100 Punkte	100 Punkte	100 Punkte	100 Punkte
150 Punkte	150 Punkte	150 Punkte	150 Punkte	150 Punkte
200 Punkte	200 Punkte	200 Punkte	200 Punkte	200 Punkte

➢ Die Schüler basteln jeweils 2 identische Memorykarten, auf denen sich Symbole oder fachliche Begriffe zum Thema finden. Aus einer Anzahl von Paaren entsteht dann ein Memoryspiel, das in Tischgruppen gespielt werden kann.

➢ Ein Quartett, bei dem 4 passende Spielkarten erspielt werden müssen, wird zum Thema gestaltet. Die Karten werden von den Schülern aus Bastelkarton gearbeitet. Wenn das erstellte Spielmaterial öfter genutzt werden soll, ist es sinnvoll, zu laminieren. So kann es in der Spiele-Ecke vorrätig bleiben und z.B. in Vertretungsstunden sinnvoll reaktiviert werden.

➢ Viele Verlage bieten Blankovorlagen für Brettspiele an. Wie beim Malefiz muss ein Weg erspielt/erwürfelt werden. Steine in Form von Fragen blockieren den Weg. Nach der richtigen Beantwortung darf weiter gegangen werden.

➢ Aber auch alle anderen Spiele, die gerade in Mode sind, können von Schülern kreativ umgestaltet werden und mit Wissensfragen gespickt zum Sieg führen.

➢ Spielideen können auch von Computerlernspielen übertragen werden.

➢ Oft ist es erstaunlich, wie kleine Belohnungen in Form von Süßigkeiten oder auch Hausaufgabenerlass die Motivation steigern.

Die Schritte im Einzelnen

Arbeitsblatt 35: Halt!

Wann beginnt der neue Tag? „Am Abend, wenn die Sonne untergeht", heißt es in der Bibel und noch heute in Israel. Da soll man zur Ruhe kommen und sich Zeit nehmen für die Begegnung mit Gott und den anderen Menschen. Da tanzt man in Israel miteinander den Ruhetanz, besonders wenn der Sabbat beginnt:

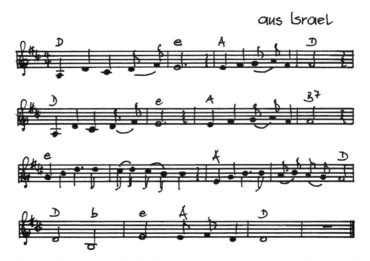

Aus: Macht, Siegfried. Gottes Geist bewegt die Erde. Religionspädagogisches Tanzliederwerkbuch und gleichnamige CD (mit Einspielung dieses Stückes als „Gebt euch nun die Hand". Bezug über Hochschule für evang. Kirchenmusik, Wilhelminenstr. 9, 95444 Bayreuth / siegfried.macht@gmx.de)

Gut, wenn eine/r von euch die Melodie auf einem Keyboard spielen kann! Sonst könnt ihr für das folgende Bewegungsspiel auch (die CD benutzen oder) einfach zählen:

„Eins, zwei, drei, vier, fünf, sechs, sie-ben." Wenn ihr in gleichmäßigen Abständen sprecht (bei hinzukommender Melodie auf die Viertelnoten, bzw. etwa so schnell wie euer Puls), habt ihr jetzt bis acht gezählt?! Genau – die „Sie-ben" ist nämlich zweisilbig, und wenn ihr „-ben" sagt, seid ihr schon beim achten Schritt ...? Nein, denn der Ruhetanz geht so:

Alle stehen im (evtl. offenen) Kreis bzw. einer langen Reihe mit Rücken zur Klassenzimmerwand – besser geht's, wenn ihr euch traut, die locker herabhängenden Hände der Nachbarin/des Nachbarn zu fassen.

Jetzt geht ihr mit sieben kleinen Seitwärts-Schritten (rechts beginnt) gegen den Uhrzeigersinn nach rechts. Aber auf dem siebten Schritt wird ausgeruht, während ihr „...ben" zählt, bleibt ihr stehen, macht eine kurze Pause (und **keinen** achten Schritt, der linke Fuß bleibt stattdessen kurz in der Luft)!

Jetzt noch einmal genauso zählen und dabei mit noch kleineren Schritten im Uhrzeigersinn seitwärts nach links gehen. Wieder auf der letzten Silbe ausruhen und – sich gegenseitig halten (ich hoffe also, ihr traut euch das mit dem Anfassen).

Jetzt alles ganz von vorn, mit rechts beginnen usw. – Wenn ihr die Schritte beherrscht, achtet darauf, dass die Schritte nach links kleiner sind als die nach rechts, sonst kommt ihr nicht voran. Zählt auch nicht mehr (laut), klappt es trotzdem?

Schritt 21 | Versprechungen

Der Unterschied zwischen Illusionen und Visionen? Nicht die herrlichsten Aussichten sollten überzeugen, sondern die Absicht, die dahinter steckt. Geht es dem, der Versprechungen macht, um sich selbst oder um mich? Um mein Geld?

Es geht um ...

Der Unterricht öffnet folgende Fragehorizonte:

- Was für Versprechungen werden mir gemacht?
- Was will der, der mir was verspricht, wirklich?
- Wem kann ich vertrauen (wem nicht)?
- Wer erfüllt meine Träume? Was kann ich beitragen?
- Wem kann ich einen Traum erfüllen?
- Wem glauben Christen? Wem glauben Muslime?

Darauf kommt es an ...

Die Schülerinnen und Schüler

- setzen sich kritisch mit werbemäßigen Versprechungen auseinander;
- unterscheiden zwischen „Schale und Kern" kommerzieller Versprechen;
- kennen die soziale Kritik des Propheten Jesaja und können sie aktualisieren;
- kennen Jesajas Utopie des „Tierfriedens";
- können erläutern, worauf sich Jesajas Hoffnung bezieht und gründet;
- kennen die Hoffnung auf den Messias und wissen, dass für Christen die Hoffnung erfüllt ist, für Juden aber noch nicht.

Die Schritte im Einzelnen

Seite für Seite

Seite 186/187: In ganz unterschiedlicher Weise erzählen die beiden Abbildungen vom Wesen der Wahrheit: Im schönen Schein der Seifenblasen mag sie sich spiegeln – wenn sie platzen, ist es aus mit dem Glanz, aber nicht mit der Wahrheit. Die Wahrheit ist klar und weit wie der Himmel – aber zuweilen „schärfer als jedes zweischneidige Schwert" (Hebr. 4,12): Das Bild (afrikanische Kunst, Kamerun: Das Spinnenorakel) zeigt den Wahrsager, der sich seiner Sache sicher ist und den, der ihn gefragt und wohl auf eine andere Prophezeiung gehofft hat: Seine Gestik drückt Entsetzen, ungläubige Fassungslosigkeit aus – wirklich ungläubig? Doch wohl nicht. Sonst wäre er nicht so entsetzt. (Natürlich geht es hier nicht darum, Naturorakel zu legitimieren; die Botschaft des Bildes an dieser Stelle soll sein: Wahrheit tut weh! Dafür finden Schülerinnen und Schüler gewiss auch andere Bilder und Beispiele).

S. 188/189: Jes 5,1-7, das Lied vom unfruchtbaren Weinberg, gewinnt seine Brisanz aus dem gleichen rhetorischen Kniff, dessen sich der Prophet Natan bedient, als der dem ehebrecherischen König David scheinbar unverfänglich vom Schaf des armen Mannes erzählt, um dann den Finger zu heben und zu sagen: Du bist der Mann! (2 Sam 12,7) Es ist leicht, Unrecht Unrecht zu nennen und zu verurteilen, solange es fern zu sein scheint. Tagesschau-Zuschauer auf ihren Fernsehsesseln fühlen mit den Opfern von Katastrophen, von Unrecht und Gewalt – was aber, wenn sich der Sprecher ans Publikum wendete und sagte: Ihr seid schuld?

S. 190/191: Prophetenberufungen haben auch in der Bibel ein Moment der Überwältigung: Ob Mose, Jeremia oder Ezechiel – die Boten, die Gott sich erwählt, haben keine Wahl, weder in der Frage, den Auftrag anzunehmen oder nicht, noch in der Gestaltung der Botschaft. Sie bekommen die Worte der Wahrheit in den Mund gelegt (Jer 1,9), müssen sie gar essen (Ez 3,1-3) – und einer, der davor wegläuft, kommt nicht weit (vgl. Jona, Schritt 20). So ist auch der Druck des Engels auf Mohammed so zu verstehen, dass da mehr ist als das, was ein Mensch sich ausdenkt – die Offenbarung kommt von außen – fremd, übermenschlich, wunderbar. Die Heiligkeit des Koran beruht gerade auf der Tatsache, dass Mohammed aus sich selbst nichts konnte – nicht einmal schreiben. Die Geschichte macht es unmissverständlich deutlich: Gott allein ist der Autor.

S. 192/193: Die stärksten Bilder der Bibel sind Gegensätze: Gott, der Herrscher der Welt, macht sich ganz klein. Oder: Die Naturgewalten, so furchterregend sie auch sind, haben nichts zu melden vor Gott. Oder: Wölfe und Lämmer werden beieinander wohnen. Wie leicht ist es da, „unmöglich" zu sagen. „Unmöglich" sagen Menschen auch zu den Heilungsgeschichten Jesu – wie wird aus krank gesund, aus tot lebendig, aus traurig fröhlich? Auf die Frage Johannes des Täufers, ob Jesus der Verheißene sei, antwortet Jesus: Blinde sehen, Lahme gehen, Aussätzige werden rein, Taube hören, Tote stehen auf, Armen wird das Evangelium gepredigt (Lk 7,22). – So weit also ist der Horizont, so weit zu hoffen und zu träumen lädt die Bibel ein: Erst wenn Wunder wahr werden, ist das Reich Gottes vollkommen. Die Antwort Jesu beantwortet zugleich die Frage nach „Isais Spross": Ja, sagen Christen. Er ist es. Mit Jesu Kommen in die Welt hat sich die Hoffnung erfüllt.

Schritt 21 | Versprechungen

Tipps und Tricks

Jesaja – an Stationen lernen

- Station 1: Zur Person Jesajas. *Textinfo zu seinem Wirken*, z.B.: ab 735 v. Chr. im Südreich in Jerusalem, aus adeliger Familie stammend, mit einer Prophetin verheiratet, seine Söhne tragen Namen mit symbolischer Bedeutung usw. Er erhält einen Auftrag von Gott und verkündet mit gewaltigen Worten seine Botschaft.
- Station 2: Seine Botschaft enthält *Kult- und Sozialkritik*, die auch auf unsere Zeit übertragbar ist (s. hierzu Schülerbuch S. 189).
- Station 3: Jesajas Utopie eines *Tierfriedens*: Da werden die Wölfe bei den Lämmern liegen.
- Station 4: Jesajas *Hoffnung*: Ein neuer König wird regieren. Die Zeit der Not ist zu Ende. Gott hält sein Wort.

Texte, Gedichte, Duftlampen, Datteln sowie Landkarten und Bilder bieten vielfältige Zugangsmöglichkeiten für die unterschiedlichen Lerntypen. Bei den Stationen ist auf die innere Differenzierung zu achten. Die Aufgaben sollten unterschiedlichen Schwierigkeitsgrad haben, der z.B. durch die Farben grün, gelb, rot erkenntlich ist. Differenziert wird weiterhin durch die Unterteilung von Pflicht- und Wahlaufgaben.

Zur Eigenkontrolle über die Richtigkeit gibt es einen *Lösungstisch*, an dem jeweils eine richtige Lösung ausliegt, die mit der eigenen Arbeit verglichen werden kann. Ist dies der Fall, wird das durch Abstempeln oder Abzeichnen (Lehrerin) kenntlich gemacht.

Um das beliebte einfache Abschreiben der richtigen Antworten zu vermeiden, verbleiben die ausgefüllten Lösungsblätter beim Lehrer, der diese für die Schüler zwischenlagert. Die Hauptarbeit beim Stationenlernen liegt immer in der gut strukturierten Vorarbeit. Je klarer die Arbeitsaufträge, desto geringer die Anzahl der Nachfragen. Hierzu kann sich der Lehrer auf einen Expertenstuhl setzen – mit einem Stuhl neben sich. Für Nachfragen gehen die Schüler zu ihm. So kanalisiert sich der Nachfragenstrom automatisch. Werden keine Rückfragen von den Schülern gestellt, kann die Zeit zur Leistungsbewertung der Arbeitsblätter genutzt werden.

Ein solches Stationenlernen kann bei Bedarf auch umfangreicher gestaltet werden. Hier bieten sich dann Laufzettel an, auf denen notiert wird, welche Station wann abgearbeitet wurde. Zur besseren Übersichtlichkeit über den Arbeitsfortschritt können die Namen der Schüler auch auf einem großen Laufzettel an der Wand ausgehängt werden. Durch das Abhaken der bearbeiteten Stationen wird es dem Lehrer ermöglicht, einen schnellen Überblick über das Fortschreiten der Arbeit zu erlangen. Das Laminieren der Infoblätter ermöglicht eine langlebige Wiederverwendung.

Die Schritte im Einzelnen

Arbeitsblatt 36: Versprochen!

„Bär", sagte der Mann zum Bären, „Bär, ich will Kaiser werden und die Fürsten das Menschsein lehren. Da wird es auch den Tieren wieder besser gehen. Also sag, Bär, was kannst du mir mitgeben, dass sie mich Kaiser werden lassen?" Da musste der Bär lange überlegen, dann sagte er: „Ich kann dir zeigen, wie man alt und zottelig wird und doch das Tanzen nicht verlernt." „Wunderbar", sagte der Mann, der Kaiser werden wollte, „das sollst du mir zeigen, wenn ich Kaiser bin; aber Kaiser zu werden, musst du mich anderes lehren. Also, was kannst du noch?"

Da dachte der Bär hin und her und schließlich sagte er: „Komm mit zu den Bienen, da will ich dir zeigen, wie man andere für sich arbeiten lässt, bis man die süßesten Leckerbissen sein eigen nennt." „Das ist ein Ding!" sprach da der Mann, ging mit und lernte vom Bären.

Danach traf er einen Fuchs. „Fuchs", sprach der Mann, „höre, ich will Kaiser werden und die Fürsten das Menschsein lehren. Da wird es auch den Tieren wieder besser gehen. Also sag, Fuchs, was kannst du mir mitgeben, dass sie mich Kaiser werden lassen?" „Oh", sagte der Fuchs, „nichts leichter als das. Ich will dich lehren, wie sie alle dich verachten und jagen und du doch ein weiches, strahlendes Fell behalten kannst." „Wunderbar", sagte der Mann, der Kaiser werden wollte, „das sollst du mir zeigen, wenn ich Kaiser bin; aber Kaiser zu werden, musst du mich wohl anderes lehren. Also, was kannst du noch?"

„Nun", erwiderte da der Fuchs, „so komm und ich will dir zeigen, wie man aus jeder Lage einen Ausweg findet und nebenbei noch ein Hühnchen rupfen geht." „Das ist ein Ding!" sprach da der Mann, ging mit und lernte vom Fuchs.

Danach traf er den Löwen. „Löwe", sprach unser Mann, „höre, ich will Kaiser werden und die Fürsten das Menschsein lehren. Da wird es auch den Tieren wieder besser gehen. Also, Löwe, sag, was kannst du mir mitgeben, dass sie mich Kaiser werden lassen?" „Da fragst du den Richtigen", sprach stolz der Löwe, „gern will ich dir zeigen, wie man das Land regiert, dass deine Kinder spielen können im Schatten der Bäume." „Wunderbar", sagte der Mann, der Kaiser werden wollte, „das sollst du mir zeigen, wenn ich Kaiser bin; aber Kaiser zu werden, musst du mich wohl etwas anderes lehren. Also, Löwe, was kannst du noch?"

Und der Löwe, wenn auch ein wenig beleidigt, sprach: „Gut, so komm und ich will dich unterweisen, so laut zu brüllen, dass niemand mehr auf die Idee kommen wird, du wärst zu etwas anderem geboren, als Kaiser zu werden." „Das ist ein Ding", sprach da der Mann, ging mit und lernte das Brüllen.

Schritt 21 | Versprechungen

Dann aber ging er zu den Menschen und wurde Kaiser: Er ließ andere für sich arbeiten und ihm das Leben versüßen, er wand sich aus jeder misslichen Lage und rupfte nebenbei mit dem einen oder anderen noch ein Hühnchen und er brüllte, dass keiner auf die Idee kam, dieser da wäre zu etwas anderem geboren als Kaiser zu werden.

Die Tiere aber warten noch heute darauf, dass er das Tanzen lernt, die Weichheit des Felles oder gar das Regieren …

© Siegfried Macht

Wie viele Teile hat diese Geschichte? Gib den Teilen Überschriften.
Unterstreiche die Sätze, die mehrfach vorkommen.
Jedes Tier macht zwei Vorschläge: schreib jeweils die ersten untereinander und jeweils die zweiten daneben. Suche einen gemeinsamen Nenner für deine Spalten. Schreib dem „Kaiser", was du von ihm hältst.

Vorschlag 1	Vorschlag 2
Bär	Bär
Fuchs	Fuchs
Löwe	Löwe

Schritt 22 | Worauf kann ich bauen?

Nicht nur Kartenhäuser stürzen ein. Mauern können noch so dick und fest und sicher sein – vom Fundament hängt es ab, wie lange sie am Ende stehen bleiben.

Es geht um ...

Der Unterricht öffnet folgende Fragehorizonte:

- Was bedeutet der Segen „urbi et orbi" – für Gläubige? für Nicht-Gläubige?
- Was suchen Pilger im Vatikan?
- Was symbolisiert ein Schlüssel?
- Wer oder was ist ein „Fels" in meinem Leben?

Darauf kommt es an ...

Die Schülerinnen und Schüler

- setzen sich kritisch mit dem Streben nach „immer höher", „immer größer", „immer spektakulärer" auseinander;
- unterscheiden zwischen dem, was Menschen schaffen können, und dem, was Menschen nicht in der Hand haben;
- kennen den Eifer und den Glauben eines Petrus – und seine Grenzen;
- kennen die Geschichte vom Turmbau zu Babel und können erläutern, welche Erfahrungen der Menschheit darin zum Ausdruck kommen;
- kennen das Gleichnis vom Hausbau und suchen für sich selbst „festen Grund".

Schritt 22 | Worauf kann ich bauen?

Seite für Seite

Seite 198: Der päpstliche Segen „urbi et orbi" (der Stadt und dem Erdkreis) im Wortlaut (aus dem Lateinischen übersetzt):

> Die Heiligen Apostel Petrus und Paulus, auf deren Machtfülle und Autorität wir vertrauen, sie selbst mögen beim Herrn für uns Fürsprache halten. (Amen)
>
> Aufgrund der Fürsprache und der Verdienste der seligen allzeit jungfräulichen Mutter Maria, des heiligen Erzengels Michael, des heiligen Johannes des Täufers und der heiligen Apostel Petrus und Paulus und aller Heiligen, erbarme sich euer der allmächtige Gott, und nachdem er alle eure Sünden vergeben hat, führe euch Jesus Christus zum ewigen Leben. (Amen)
>
> Der allmächtige und barmherzige Herr gewähre euch Nachlass, Vergebung und Verzeihung all eurer Sünden, einen Zeitraum echter und fruchtbarer Reue, ein allzeit bußfertiges Herz und Besserung des Lebens, die Gnade und die Tröstung des Heiligen Geistes und die endgültige Ausdauer in den guten Werken. (Amen)
>
> Und der Segen des allmächtigen Gottes, des Vaters und des Sohnes und des Heiligen Geistes komme auf euch herab und bleibe bei euch allezeit. (Amen)

Der Segenszuspruch hängt hier, wie der Wortlaut zeigt, ab

- von der Person des Segnenden (es muss der Papst oder ein von ihm eigens delegierter Würdenträger der Kirche sein);
- von dem Gnadenschatz der Kirche (Fürsprache und Verdienste der Heiligen)
- von Reue, Buße und Vergebung auf Seiten der Empfangenden.

Die protestantische Vorstellung des Priestertums aller Gläubigen, des unmittelbaren Gegenübers jedes Gläubigen zu Gott, der unverdienten Gnade stehen dem als ein deutlich anderes Konzept gegenüber.

S. 200/202/203 Petrus, auf den sich alle Päpste und Priester der katholischen Kirche zurückbeziehen, ist auch für evangelische Christen *die* prominente Gestalt unter den Jüngern. Dadurch, dass er in den Evangelien öfter als die anderen das Wort ergreift, gewissermaßen der Sprecher der Jüngerschaft ist, dass er mehr wagt – und öfter „auf die Nase fällt", ist er mehr als ein Typ – ist Person, Mensch, Individuum.

Seine erste Mutprobe (202) besteht er, gerade als er versinkt: Er weiß, woher er Hilfe bekommt. Seine zweite Mutprobe (203) kann er wohl nicht bestehen; zu bedrohlich, zu unerwartet, zu unbegreiflich ist es, dass der Herr – der, der allein helfen kann – nun fort ist, in Schwierigkeiten ist, sich selbst nicht helfen kann. Da muss erst Ostern und Pfingsten werden, bevor Petrus neuen Mut fasst.

S. 204 Die Geschichte vom Turmbau zu Babel erklärt das Sprachengewirr auf Erden. Zugleich legt sie den Finger auf eine andere Wunde des Menschseins: Wer meint, alles erreichen zu können, verliert die Bodenhaftung. Am Ende muss der, der sich für Gott hält, scheitern, weil er vergisst, wahrhaft Mensch zu sein.

Tipps und Tricks

Vielfältige und aussagekräftige Bilder im Schülerbuch laden dazu ein, die Schülerinnen und Schüler als Bilddetektive tätig werden zu lassen. Die detailreichen Bilder erfordern eine sorgfältige Wahrnehmung.

Der Schlüssel Petri – Bilder lesen und deuten

In einer Art Stilleübung können halbierte Kopierfolien auf die Bilder gelegt werden. Sie werden am Rand mit Büroklammern fixiert, um ein Verrutschen zu vermeiden. Mit Folienstiften können die Schüler interessante Bilddetails nachzeichnen. Dazu können entweder mehrere Farben oder auch nur ein schwarzer Stift verwendet werden. Uninteressantes wird weggelassen, individuelle Kopien entstehen. Diese werden miteinander verglichen, z.B. auf dem Overheadprojektor.

Beim Bild vom **Turmbau zu Babel** könnte so ein Bild auf ein an der Wand befestigtes Betttuch projiziert werden, es entsteht als ein „Megabild" neu. Mehrere Folien können in einem Experiment übereinander gelegt werden und im Gegenlicht am Fenster genauer betrachtet werden.

Man kann sich den Nachzeichnungen dann auch multiperspektivisch nähern. Die Geschichte vom Turmbau zu Babel lässt sich sehen a) aus der Sicht eines Baumes, der das bunte Treiben vom nahegelegenen Hügel beobachtet; b) aus der einer vorbeiziehenden Wolke, die auf den Turmbau hinabschaut; c) aus der Sicht zweier Ziegelsteine, die auf ihren Platz im Mauerwerk warten usw. Schülerinnen und Schüler erhalten so ungewöhnliche Möglichkeiten der Identifikation. Kurze Geschichten werden geschrieben; es soll erraten werden, um welche Erzählperspektive es sich handelt.

Die beiden **Bilder vom Petersplatz** auf den Schulbuchseiten 198 und 199 werden mit schwarzem Folienstift grob schematisch nachgezeichnet. In Partnerarbeit wird nachgeforscht, wo sich die Bilder gleichen. Die Gemeinsamkeiten werden andersfarbig markiert. Mit Daumen und Zeigefinger kann ein Rahmen gebildet werden und so ein anderer Bildaspekt ins Zentrum rücken. Wie verändert sich die Aussage des Bildes durch diesen neuen Akzent?

Auf dem Bild der Seite 200 ist der **Schlüssel** als zentrales Symbol zu finden. Dieses Bild kann mit der oben erwähnten Vergrößerungsmethode auch auf ein Fenster projiziert werden. Die leuchtenden Farben der Flüssigkreiden (Illumigraphen) lassen ein wunderschönes Fensterbild entstehen, welches besonders bei einfallendem Sonnenlicht eindrucksvoll schimmert. Flüssigkreiden sind im Großhandel erhältlich (man kennt sie aus Restaurants). Sie sind in Neonfarben und in unterschiedlicher Dicke erhältlich, leicht handhabbar wie ein „Edding"; sie verschmieren nicht, trocknen leicht und können am Ende ganz einfach mit einem einfachen Putzen der Fenster wieder entfernt werden. Die Investition lohnt sich, denn Schüler aller Altersklassen lieben diese Stifte (auch um Tabellen oder Cluster, Fazitsätze und Resümees für einen absehbaren Zeitraum an ungewöhnlichem Ort zu fixieren).

Schritt 22 | Worauf kann ich bauen?

Arbeitsblatt 37: Worauf man bauen kann

Chanson de Babel

babel ma belle
belle babel belle

beller babeller
babellerer...

babellessst
babbelst

babbel di bab

© Siegfried Macht

- ➢ Um diese seltsame Geheimsprache zu entschlüsseln, muss man nicht Französisch können – obwohl das auch nichts schaden könnte: Entdeckt ihr drei französische Worte und wisst ihr, was sie bedeuten?

- ➢ Noch hilfreicher ist die Geschichte vom Turmbau zu Babel: Bibel 1 Mose 11, 1-8. Lest sie einander vor.

- ➢ Jetzt lest die „Geheimsprache" laut vor, schön dramatisch – und so, dass jeder merkt, an welcher Stelle der Babel-Geschichte wir gerade sind und was passiert. Wie kann man die Steigerung zum Ausdruck bringen – wo lauter werden – wo eine Pause machen – wo müssen eigentlich viel mehr als nur eine(r) sprechen?

- ➢ Worauf baust du – und worauf auf keinen Fall? Womit bist du schon mal reingefallen und womit hast du gute Erfahrungen gemacht – was ist „wackeliger" und was „fester" Grund?

Die Schritte im Einzelnen

Arbeitsblatt 38: Du bist der Grund

Erfinde eine Geschichte zu dem Lied oder erzähle eine bekannte Geschichte, die zu dem Lied passt.

Schritt 23 | Welche sind die Guten?

Am Computer ist es leicht, die Guten und die Bösen voneinander zu unterscheiden. Aber ist es eigentlich gut, wenn man es sich allzu leicht macht mit dem Unterscheiden?

Es geht um ...

Der Unterricht öffnet folgende Fragehorizonte:

- Welche Bedeutung hat das Äußere des anderen für deine Einstellung zu ihm?
- Kann Liebe einen Menschen verändern?
- Was ist „gut"? Was ist „böse"? Woran erkenne ich, wer es gut mit mir meint?
- Was bedeutet: „An ihren Früchten sollt ihr sie erkennen?"
- Was ist, wenn die eigenen Kräfte zum „Gut-Sein" nicht reichen?
- Was verlangt eigentlich Gott von den Menschen? Was bietet er?

Darauf kommt es an ...

Die Schülerinnen und Schüler

- hinterfragen die plakative Einteilung von Menschen in „gut" und „böse";
- unterscheiden zwischen Schale und Kern – dem Äußeren und dem „Herzen" von Menschen;
- wissen, dass nach christlicher Ethik „gut sein" und „gut handeln" untrennbar zusammengehört;
- können das diakonische Handeln der Kirche als Handeln in der Nachfolge Jesu und als Handeln für Jesus erklären;
- können die reformatorische Erkenntnis Martin Luthers erläutern;
- können beschreiben (und erfahren), was das Befreiende an Luthers Erkenntnis und Lehre ist.

Die Schritte im Einzelnen

Seite für Seite

Seite 206/7:

> Es war einmal, vor langer Zeit ..., da schrieb Madame Leprince de Beaumont das zeitlose Märchen über die wahre Schönheit - die Schönheit des Herzens. Es ist die Geschichte der Tochter eines verarmten Kaufmanns, die bereit ist, für ihren Vater ihr Leben aufzugeben. Um seine Schuld zu begleichen, zieht sie in das Schloss einer Bestie - halb Mensch, halb Tier. Doch bald schon erkennt sie, dass die Bestie eine gutmütige Natur hat und Menschen dagegen viel grausamer sein können. (Text zum Film)

Der Text zum Filmplakat ignoriert die Vorgeschichte, die dem Märchen eine zweite Ebene gibt: dass der Prinz sich vormals wie ein „Monster" benommen hatte, dann eines geworden war – um dann durch Liebe verwandelt zu werden, das erschließt sich erst, wenn man beide Seiten kennt.

S. 208: Der Comic ist eine boshafte Umkehr der Lehre, die Kinder üblicherweise aus Märchen ziehen sollen: in der Haut des Frosches steckt der Prinz. Die Prinzessin weiß, „wie der Hase läuft", macht alles „richtig" – und wird prompt verschlungen. Mehr als schwarzer Humor?

S. 210/211: Das Trennen der Guten von den Bösen – dass man es sich damit nicht leicht machen darf, haben die Vor-Seiten thematisiert. Hier kommt das Schwarz-Weiß-Schema nur scheinbar wieder zur Geltung. Der entscheidende Unterschied der Gerichtsszene, die Jesus entfaltet, ist, dass hier keineswegs das Äußere beurteilt wird, sondern unbestechlich das Herz jedes Menschen. Die Frage, die alles entscheidet, ist nicht etwa: Hast du genug gute Taten vorzuweisen? Oder gar: Warst du „fromm"? Hast du dich Jesus gegenüber richtig verhalten? – die Frage ist vielmehr: Hast du Acht gegeben/Mitleid gehabt? Jemanden leiden sehen und sich erbarmen – das ist Christi Wesen (menschlich und göttlich zugleich) und damit der Maßstab, an dem Menschen gemessen werden.

S. 212: Es ist kein Ansehen der Person vor Gott (Röm 2,11 u.ö.) – das gilt (nach biblischem Verständnis) so lange, wie es entlastet, so lange, wie es frei macht von dem Gedanken, groß, strahlend, schön, klug usw. sein zu müssen, um vor Gott zu bestehen. Das ist aber Unsinn in dem Augenblick, wo Gottes Gerechtigkeit und Gottes Erbarmen gegeneinander ausgespielt werden sollen (so als sei Gottes Gerechtigkeit blind wie Justitia und strafe ohne Augenmaß); wo an Gottes Erbarmen, an seine Liebe und sein Mitleid appelliert wird, ist er weder taub noch blind. Die Erkenntnis des Paulus, niemals so gut sein zu können, wie er es gern wäre, stürzt ihn daher nicht in Verzweiflung. Es macht ihm Mut, sich auf Gottes Liebe zu verlassen.

S. 213: Welch eine Erleichterung mit diesem Sich-Verlassen-Können verbunden ist, hat Martin Luther nach Jahren des Ringens am eigenen Leib erfahren. Es ist ein Gefühl, dem es lohnt, nachzuspüren: Wie fühle ich mich, wenn ich mich nicht allein aus meinem eigenen Vermögen definiere? Wenn ich mich geliebt weiß – angenommen, so wie ich bin?

Schritt 23 | Welche sind die Guten?

Tipps und Tricks

Umfragen haben ergeben, dass Schülerinnen und Schüler besonders gern mit der Methode des Brainstormings arbeiten. Durch das sogenannte Brainstorming „4 S" wird die Methode optimiert und führt zu besseren Arbeitsergebnissen. Die Logos der Hilfsorganisationen (Schülerbuch, S. 209), von denen manchem Schüler das eine oder andere bekannt sein dürfte, bieten Anlass, diese Methode anzuwenden.

Logos – Brainstormen mit „4 S"

Hierzu werden Kleingruppen von 3 bis 4 Schülern gebildet, die gemeinsam ein großes Blatt und einen Textmarker erhalten. **S**chnell, also unter Zeitdruck, müssen möglichst viele Ideen gesammelt werden. **S**icher können sich die Schüler in ihren Äußerungen fühlen, da in dieser Phase alle Gedanken zulässig sind. **S**ynergien ergeben sich, indem jede Idee laut gesagt wird und das Wort an einen passenden bereits vorhandenen Begriff angedockt wird. **S**päter erst werden die eingebrachten Ideen beurteilt. Relevante Begriffe werden für den Unterricht weiterverwendet.

Bei einer solchen Vorgehensweise werden soziale Kompetenzen trainiert. Die Schüler müssen sich anschauen, einander aktiv zuhören, sich angesichts des gemeinsamen Materials einigen, wer es wann benutzt, und es entsteht ein gemeinsames Arbeitsergebnis, bei dem jeder Schüler etwas beigetragen hat. Indem nicht gleich eine Richtig-falsch-Bewertung erfolgt, wächst das Vertrauen in die eigenen Wortbeiträge.

Will man die einigermaßen gleichmäßige Verteilung der Wortbeiträge zusätzlich kanalisieren, kann die Methode der *Talking Sticks* verwendet werden. Hierzu bekommen alle Gruppenmitglieder drei Glaslinsen oder Steine. Für jeden Wortbeitrag muss eine Glaslinse abgegeben werden. Voreilige Schüler sind schnell ihre Glaslinsen los und dürfen dann keine weiteren Ideen einbringen. Zurückhaltendere Schüler müssen auch Ideen beisteuern, denn erst wenn alle Glaslinsen im gemeinsamen Gespräch eingebracht sind, beginnt das Verfahren von vorne.

Logos – Mind-Mappen

Werden im Sinn der Binnendifferenzierung homogene Gruppen von leistungsstärkeren bzw. -schwächeren Schülern gebildet, können die stärkeren Schüler sich in der Methode des *Mind-Mappings* üben. Bei dieser Variante des Brainstormens werden die genannten Begriffe gleich sortiert und thematisch geordnet, indem Verbindungslinien die inhaltliche Zusammengehörigkeit erkennen lassen. Dies kann mit Hilfe von verschiedenfarbigen Eddings visuell unterstützt werden. Thematische Untereinheiten zum Hauptthema entstehen, die weiterführende Assoziationen fördern und in benachbarte Themenfelder führen können. Für jüngere Schüler kann die Methode des Brainstormens zum besseren Verständnis auch mit dem Symbol eines Baumes visualisiert werden, der an der Tafel skizziert wird: Unsere gesammelten Begriffe gehören zu diesem Thema, wie Stamm, Äste, Zweige, Blätter, Wurzeln oder Früchte alle ein Teil des Baumes sind.

Die Schritte im Einzelnen

Arbeitsblatt 39: Vom Richten und vom Aufrichten

➢ Lies im 1. Buch Mose, im dritten Kapitel, die Verse 1–5 aus einer alten Erzählung über die Frage nach „gut" und „böse".
➢ Vergleiche den biblischen Originaltext mit dem folgenden Gedicht. Lies ganz genau – es kommt auf jeden Buchstaben an.

Ja, sollte Gott gesagt haben,

ihr sollt nicht essen
vom Baum der Erkenntnis
dass ihr nicht sterbet?

Ich will euch was sagen:
Ihr werdet vernichten!
Des Todes sterben
weiß Gott, die andern.

Denn wer davon nimmt,
dem gehen die Augen über
und er wird wie Gott sein und wissen,
wer die Guten und wer
die Bösen sind.

© Siegfried Macht

Deute: Was ist denn so schlimm daran, zu wissen, was gut und was böse ist: a) im Bibeltext, b) in dem Gedicht?

Schritt 24 | Ein richtig gutes Ende

Manchmal sind die Medien auch deshalb so attraktiv, weil sie es mir erlauben, Gefühle rauszulassen – auszuleben im Spannungsbogen von 90 Minuten (wenn nicht die Werbung dazwischenkommt und alles verdirbt ...)

Es geht um ...

Der Unterricht öffnet folgende Fragehorizonte:

- Was für ein Gefühl ist das – vor Rührung weinen?
- Wer sich selbst verletzt – was hat der davon?
- Wie fühlt man sich beim Abschiednehmen?
- Gibt es Hoffnung nach dem Tod?
- Wie stelle ich mir das Sterben / das Ende der Welt vor?
- Hört die Trauer jemals auf?
- Was tröstet Trauernde? Was könnte mich trösten?

Darauf kommt es an ...

Die Schülerinnen und Schüler
- können unterscheiden zwischen Rührung und Trauer;
- setzen sich mit der Endlichkeit der Welt und des Lebens auseinander;
- können ansatzweise über Zukunftsängste und -hoffnungen sprechen;
- kennen die christliche Auferstehungshoffnung und können sie erläutern;
- suchen Wege, Trauernde zu trösten;
- suchen für sich selbst Möglichkeiten zum Umgang mit Trauer und Tod.

Die Schritte im Einzelnen

Seite für Seite

Seite 216: „Ritzen" und selbstverletzendes Handeln haben zugenommen unter Jugendlichen. Das Thema ist angesprochen – vielleicht die Gelegenheit, Gefahren zur Sprache zu bringen / pädagogischen Handlungsbedarf zu entdecken. Was Sie dazu wissen sollten:

> „Wie-schön-wenn-der-Schmerz-nachlässt", eine Entspannung, die auch Sie zweifelsohne kennen, ist nach dem Ritzen besonders groß und kann sehr schnell zu der Lösungsstrategie schlechthin, zur Sucht werden, die den unbewältigten eigentlichen Konflikten einen u.U. hoch gefährlichen weiteren hinzufügt. Während das eher demonstrative Ritzen, das die Schülerinnen kaum verbergen und das sich bei jüngeren teilweise epidemisch ausbreitet, kein Grund für nachlassende Leistungen ist, sondern ein Signal für ungelöste Probleme, auch für das, besondere Aufmerksamkeit zu benötigen – ein Appell auch an Sie, den Sie auf jeden Fall ernst nehmen sollten –, ist das suchtartige Ritzen, das die Schülerinnen immer zu verheimlichen suchen und das oft erst nach langer Zeit und nur durch Zufall entdeckt wird, eine massive Störung, die nicht nur physisch – es wird in Oberarme, Bauchdecke, Oberschenkel geschnitten – eine enorme Gefährdung, sondern auch einen erheblichen Eingriff in die Persönlichkeitsentwicklung darstellt. In seiner suchtartigen Ausprägung behindert dieser Versuch der Problemlösung immer mehr die Bewältigung alltäglicher Anforderungen, auch die der Schule: Die Schülerin schneidet sich ins eigene Fleisch. Das kaum verheimlichte Ritzen ist wirklich „nur" Ritzen, in der Regel am Unterarm in Handgelenksnähe, in der Regel bei jüngeren S, in der Regel zumindest von ihren Freundinnen zu „besichtigen", von denen Sie vielleicht alarmiert wurden. Sie selbst sollten achtsam sein, wenn Ihre S ständig ihre Handgelenke, z.B. durch Schweißbänder, bedeckt oder ihre (auch im Sommer langen) Ärmel mit den Fingern in der Handinnenfläche fixiert, sobald Sie ihr nahe kommen. Ritzen kann der Einstieg in suchtartige Selbstverletzung sein. (Laura Bach, Seelenleid – nicht lernbereit, Göttingen 2007, S. 84)

S. 217: Über das Sterben denkt niemand gern nach. Es „erwischt" einen, wenn man im Alltag, plötzlich und unverhofft, auf Grenzen stößt, sei es, dass sich im Bekanntenkreis ein Todesfall ereignet, dass jemand krank wird – man selbst!, oder dass man um Haaresbreite einem Unglück entgeht. Es ist gut, dann auf Denk-/Handlungsmodelle zurückgreifen zu können, die „theoretisch" erworben sind, z.B. durch Gespräche über Grenzen, Verlust, das Ende, die im geschützten Raum geführt wurden – zu Hause, unter Freunden, wenn's gut geht, auch im Religionsunterricht.

S. 218: Ins Aktive gewendet: Wenn Schmerz, Tod, Abschied nicht mich betrifft, sondern einen Bekannten – was kann ich tun, um ihm nah zu sein, es ihm leichter zu machen, ihm zu signalisieren: Es ist *etwas* zu Ende, aber *nicht alles*. Auch das sollte vorbedacht sein, bevor der Ernstfall eintritt (s. dazu das Arbeitsblatt, aus: Reiner Andreas Neuschäfer, Alles aus!? Kopiervorlagen zum Thema Trauer, Trost und Hoffnung, Göttingen, 2007 – ein Material, das eigens für solche „Trainings" entwickelt wurde).

S. 219: Schmerz, Trost und Hoffnung – drei Elemente hat eine gute Trauer-Ansprache: Sie soll Raum geben, den Abschied ernst zu nehmen und schwer zu nehmen; das ist richtig und das braucht seine Zeit. Es soll Anteilnahme ausgedrückt sein: Du bist nicht allein, wir fühlen mit dir. Und schließlich, im Horizont christlicher Verkündigung: Der Tod hat nicht das letzte Wort. Jesus Christus spricht: Ich lebe und ihr sollt auch leben (Joh 14,19).

Schritt 24 | Ein richtig gutes Ende

Tipps und Tricks

Erfahrungen von Verlust und Trauer gehören dazu. Es schmerzt der Tod der Oma wie auch der Verlust eines geliebten Haustieres. Wenn auf solche Vorerfahrungen zurückgegriffen werden soll, ist es sinnvoll, Schüler mit der Methode der Lernspirale an das Thema heranzuführen.

Ich bin betroffen – die Lernspirale benutzen

> In einem ersten Schritt wird in Einzelarbeit Vorwissen aktiviert. Hierzu soll das Thema (Verlust / Trauer) bedacht und das Ereignis (mein Erlebnis mit Verlust/ Trauer) auf ein einziges Wort reduziert werden. Dieses einzelne Wort wird dann mit farbigen Stiften auf einen Blatt Papier geschrieben, gemalt und ausgestaltet.

> Im zweiten Schritt stellen sich zwei Partner gegenseitig ihr Wort vor und erzählen die Geschichte dazu. Die Partner haben 2 oder 3 Papierstreifen, auf denen sie notieren, wie der Schmerz überwunden werden konnte.

> Im Plenum werden die Papierstreifen an der Tafel gesammelt und ähnliche oder passende Begriffe in Gruppen zusammengehängt.

Die Schüler erfahren so eine wertschätzende Aufnahme aller Arbeitsergebnisse und machen gemeinsam die Erfahrung, dass andere gleiche oder ähnliche Lösungsvorschläge gemacht haben. Das Gemeinschaftsgefühl wird gestärkt. Neue Perspektiven werden gewonnen. Vielleicht hat ein Schüler, mit dem man sonst so gar nicht „kann", ausgerechnet den gleichen Begriff gewählt …

> Der abschließende Schritt ist wieder eine Einzelarbeit, wobei sich jeder Schüler seine eigenen Gedanken macht. Ein individuelles Grußkärtchen soll geschrieben werden. Es kann an einen Klassenkameraden gerichtet sein, dessen Schmerz- oder Trauergeschichte gehört wurde; es kann aber ebenso ein Gruß für ein Familienmitglied sein (so ein aktueller Fall vorliegt) oder auch ein Gruß ohne Adresse. Die Grußworte können zugestellt oder in einem Briefumschlag gesammelt werden.

> Am Ende dieser Lernspirale steht die Reflexion über das Verfahren: Einzelarbeit durch Vorwissen mit gestaltetem Wort – Austausch mit einem Partner – Austausch in der Gemeinschaft – erneute Einzelarbeit, bei der Lernzuwachs als Grußwort gestaltet wird – Reflexion.

```
Ich schenke dir ein gutes Wort
```

Die Schritte im Einzelnen

Arbeitsblatt 40: Mein Leben

Je älter ich werde,
desto schneller rast die Zeit.

Jetzt, wo ich weiß, dass mir nicht mehr viel Zeit
bleibt, läuft durch die Sanduhr meines Lebens Platin.
Jedes Körnchen, jeder Augenblick wird so unsagbar
kostbar.

Wie ich mein Leben
hier auf dem Planeten zubringe,
wird einmal Konsequenzen haben.
Mein Leben hat Folgen.

Heute fängt der Rest meines Lebens an. Und wie mein Leben jetzt läuft oder gelaufen ist, wird sich schon bald bemerkbar machen:

❖ so wie meine ersten Jahre in der Grundschule über meine weitere Schullaufbahn entschieden haben.
❖ so wie wenige Wochen schon entscheiden können, mit wem man durchs Leben gehen wird.

Gönne dir Schaffen und Lassen!
Lass Tun und Ruhen zu.
Und genieße jeden Augenblick,
den du noch hast.
Gott sei Dank!

Allerhand kluge Sprüche ...
hake ein, wo es sich für dich lohnt.
Trage ein, was dir zur Länge oder
Kürze des Lebens wichtig scheint.

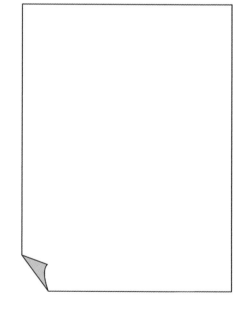

R. A. Neuschäfer, Alles aus!?, Kopiervorlagen zum Thema Trauer, Trost und Hoffnung,
Göttingen 2006

Schritt 25 | Lasst uns gruseln

Halloween – ein echtes Modefest! Mit Gruseln als Kult oder als Spaß, je nachdem. Gibt es eigentlich Geister? Gibt es Leute, die sie fürchten? Und: Bin ich selbst ganz davon frei?

Es geht um ...

Der Unterricht öffnet folgende Fragehorizonte:

- Was für ein Gefühl ist das – gekitzelt werden?
- Was für ein Gefühl ist das – sich gruseln?
- Was ist der Unterschied zwischen wohligem Schaudern und Angst?
- Gibt es Geister?
- Gibt es eine Hölle?
- Wie kann ich mich von „Sterbensangst" befreien?

Darauf kommt es an ...

Die Schülerinnen und Schüler

- ergründen die Wirkung von Gruseleffekten;
- unterscheiden zwischen Schale und Kern – dem äußeren und dem inneren Sinn von „Halloween";
- wissen, dass nach christlichem Verständnis Geister und Spuk nur Einbildungen sind: Gott ist Herr aller Mächte; Christus hat den Tod überwunden;
- deuten „Hölle" als Abwesenheit von Liebe und als Abbruch zwischenmenschlicher Beziehungen;
- können die Praktiken des Ablasshandels und Martin Luthers Position dazu erläutern;
- kennen die christliche Antwort auf die Höllenangst: Gott ist stärker.

Die Schritte im Einzelnen

Seite für Seite

Seite 224: Olli fragt (www.focus-schule.de): Warum gruseln wir uns so gern?
> Wahrscheinlich wollen wir damit unseren schlimmsten Ängsten vor Dunkelheit und Tod entgegentreten: Wenn wir etwas Schreckliches so darstellen, dass es nicht mehr ernst zu nehmen ist – wie etwa der ausgehöhlte Kürbis mit fieser Fratze –, können wir die Angst erträglich machen und sogar darüber lachen. Deshalb genießen wir auch bei Gruselfilmen oder in der Geisterbahn das leichte Schaudern am Rücken und die Gänsehaut an den Armen. Voraussetzung dafür ist aber, dass wir wissen: Ach, alles gar nicht echt. (31.10.2006)

S. 225: Der Gruseleffekt bei Phänomenen der Natur ist individuell verschieden: Wer Harry Potter liest, kennt die Irrwichte – Geister, die einen mit der eigenen Angst konfrontieren. Für den einen sind sie Riesenspinnen, für den anderen Mäuse, für wieder einen anderen ein unangenehmer Zeitgenosse. Der Trick, wie man sie überwindet, wird gleich mitgeliefert: Man muss sie lächerlich machen (s.o.) und der Gegenzauber heißt: „riddiculus", verballhorntes Latein für „lächerlich".

S. 226: Ein schöner Text zum Thema „selbstgemachte Götter und Götzen" findet sich beim Propheten Jeremia 10,1–6:
> So spricht der Herr: Ihr sollt nicht den Gottesdienst der Heiden annehmen und sollt euch nicht fürchten vor den Zeichen des Himmels, wie die Heiden sich fürchten. Denn ihre Götter sind alle nichts. Man fällt im Walde einen Baum und der Bildhauer macht daraus mit dem Schnitzmesser ein Werk von Menschenhänden, und er schmückt es mit Silber und Gold und befestigt es mit Nagel und Hammer, dass es nicht umfalle. Sie sind ja nichts als Vogelscheuchen im Gurkenfeld. Sie können nicht reden; auch muss man sie tragen, denn sie können nicht gehen. Darum sollt ihr euch nicht vor ihnen fürchten; denn sie können weder helfen noch Schaden tun. Aber dir, Herr, ist niemand gleich; du bist groß und dein Name ist groß, wie du es mit der Tat beweist.

Dazu der Kommentar eines Pfarrers:
> Gott selbst ist diese Rede des Propheten Jeremia in den Mund gelegt. Jenseits allen Drohens mit Strafe und aller Polemik zieht er den konkurrierenden Gottheiten buchstäblich die Hosen aus. Er erzählt, wie sie gemacht werden – von Menschenhand –, zählt auf, was sie alles nicht können. Von Menschen gemacht, abhängig von Menschen. Allein schon der gesunde Menschenverstand spricht dagegen, ihnen etwas zuzutrauen, geschweige denn, sie zu fürchten. *Ihre Götter sind alle nichts.* Und doch ist Furcht das Thema dieser Rede, Furcht, muss man glauben, vor Dämonen, die es nicht gibt. Nach dem Konzept der Bibel gibt es sie wirklich nicht. Die Ungeheuer, die die Umwelt in Furcht und Schrecken versetzen, hat der Gott Israels selbst geschaffen und gezähmt; die Götter bzw. Götzen, denen man blutige Opfer darbringt (auch vom Moloch ist immer wieder die Rede, der Kinderopfer verlangt) – ja, die hat nicht Gott, die hat der Mensch, der sie dann fürchtet, selbst geschaffen! Es ist unterhaltsam und überzeugend, das so klar gesagt zu bekommen. Ob die befreiende Wirkung eintritt, das hängt davon ab, ob wir das, was über irgendwelche „Vogelscheuchen" gesagt wird, auch auf unsere eigenen Götzen beziehen. Die mögen anders aussehen und anders verkleidet sein. Aber eines kann beim

Schritt 25 | Lasst uns gruseln

Erkennen helfen: Wenn wir sie selbst in der Hand haben, können sie in Wahrheit keinen Finger gegen uns rühren – und leider auch nicht für uns. (Gerhard Jüngst, Engel in der Bibel – Teufel in der Bibel. Was steht geschrieben?, vorauss. Göttingen 2008):

S. 227: Christen im Mittelalter glaubten, sie müssten nach ihrem Tod für die Vergehen des irdischen Lebens bezahlen. Die Kirche bot ihnen Möglichkeiten, diese Bezahlung gewissermaßen „vorzuziehen" – durch Beichte und Buße. Von dieser Buße wiederum konnte man sich schließlich durch den Erwerb von Ablassbriefen freikaufen.

Der Ablasshandel und die dazu von Luther in lateinischer Sprache verfassten 95 Thesen bildeten den mehr oder weniger zufälligen Anlass für Luthers Kontroverse mit der katholischen Kirche; die eigentliche und tiefere Ursache lag ganz woanders. Gegen einen vorschriftgemäßen Ablass hätte Luther womöglich gar nichts einzuwenden gehabt. In der 31. These heißt es, dass „in gerechter Weise Ablass" gekauft werden könne, dies jedoch „äußerst selten" geschehe. Luthers Zorn erregte zunächst nur der Missbrauch, der mit dem Ablass getrieben und durch Predigten geschäftstüchtiger Ablassbriefverkäufer wie Tetzel ausgelöst wurde. Mit seiner Kritik glaubte Luther zu Recht, die wahre katholische Lehre zu vertreten.

Der Ablass war ein Glied in der Kette des Prozesses, der nach dem Begehen einer Sünde vorgesehen war und zu deren Absolution führte; genau genommen war er nur ein Ersatzglied, nämlich die Ersatzleistung für eine auferlegte Buße, eine Wallfahrt, die jemand etwa aufgrund eines körperlichen Gebrechens nicht antreten konnte. Der korrekte Ablauf dieses Prozesses lässt sich so darstellen:

Sünde ⇒ Reue ⇒ Beichte ⇒ Buße ⇒ Absolution
       ↘ Ablass ↗

Dieser Ablauf wurde von den Ablasspredigern nicht nur verändert und verkürzt, sondern Ablass auch für die Seelen Verstorbener im Fegefeuer angeboten; Zu dieser Praxis, bei der von Reue überhaupt keine Rede mehr ist, bemerkt Luther in seinen 95 Thesen:

27. Menschenlehre predigen die, die sagen: Wenn die Münze im Kasten klingt, fliegt die Seele sogleich aus dem Fegefeuer empor.

35. Unchristlich predigen die, die lehren, zum Loskauf von Seelen oder zum Erwerb von Beichtprivilegien sei überhaupt keine Reue nötig.

36. Jeder Christ, der wahre Reue empfindet, hat vollkommenen Nachlass von Strafe und Schuld, auch ohne Ablassbriefe.

Denkt man die These, nach der „wahre Reue" keiner zusätzlichen von der Kirche auferlegten Buße bedarf, konsequent zu Ende, so vergibt Gott selbst dem reuigen Sünder, und zwar ohne Vermittlung durch einen Priester oder den Papst und damit ohne Vermittlung der Kirche, deren Stellung dadurch in ihren Grundfesten erschüttert wurde. (Horst Spittler; Bibel, Jesus, Gott und Kirche. Den Glauben verstehen, Göttingen 2007, S.136)

S. 228-230: Echte Angst, wie sie aus dem Gesicht des Verurteilten spricht, kann einen schon packen, wenn man sich sein eigenes Verhalten ungeschminkt vor Augen führt. Wo ist für mich Hölle, äußerste Einsamkeit? Wo habe ich anderen „Hölle" bereitet? Das Wortbild legt nahe: dort, wo ich es an Liebe fehlen ließ. Auch Jesus sagt das so. Und dann sagt er diesen unheimlich erleichternden Satz auf die Frage nach einer Hoffnung jenseits der verpatzten Chancen: „Bei Gott sind alle Dinge möglich."

Tipps und Tricks

An dieser Stelle und rück- und vorwirkend für alle Schritte ein Appell: Scheuen Sie sich nicht, Ihren Unterricht auszuwerten/auswerten zu lassen. Sie sind Lehrerin oder Lehrer und zweifellos sind Sie das gern und gut. Aber um immer adressatengenau zu planen und zu gestalten, brauchen Sie Rückmeldungen Ihrer Zielgruppe. Nutzen Sie dieses Instrument, führen Sie es als selbstverständliches Element in Ihren Unterricht ein.

Was bringt's? – Feedback suchen

Ein Fragebogen (s. S. 144) ist schnell und einfach herzustellen und in der Regel motivierend. Die Auswertung dauert nur wenige Minuten. Die Schüler fühlen sich ernst genommen. Anonymität muss gewährleistet sein. Individuelle Meinungsäußerungen geben zusätzliche Hinweise. Fragebögen können standardisiert sein und in regelmäßigen Abständen eingesetzt werden. In einem Ordner im Klassenraum deponiert, machen sie längerfristige Tendenzen deutlich.

Ein *Fragebogen* kann am Ende einer Unterrichtsreihe stehen. Ein überschaubarer Zeitraum von Unterricht wird betrachtet: Inhalte, Methoden, Lernprogression. Gelegentlich kann er am Ende einer Einzelstunde verlässliche Aussagen über besondere Aspekte oder Schwerpunkte geben. So kann sich die Klasse an einem Tag das Ziel setzen, in der Gruppenarbeitsphase darauf zu achten, einander zuzuhören und dabei leise zu sprechen – und das am Ende bewerten.

Die kürzeste Form des Feedbacks ist der *demokratische Finger*. Hierzu wird die Hand auf das Schlüsselbein gelegt. Fragen des Lehrers werden mit den Fingern bepunktet: Wie hat euch heute die neue Methode gefallen? Die Skala reicht von 1-5. Diese Methode hat den Vorteil, dass sich der Lehrer in kürzester Zeit einen Überblick über die Meinungen verschaffen kann. Andererseits müssen sich die Schüler individuell und schnell entscheiden. Dadurch, dass die Hand auf dem Schlüsselbein liegt, entsteht weniger Gruppenzwang.

Feedback kann auch im Hinausgehen gegeben werden: durch Bepunktung an einer Zielscheibe, die in Segmente aufgeteilt ist: War interessant, Material war anschaulich, Lerntempo etc. (Bepunktung von 0 – 25 – 50 – 75 – 100 Punkte)

Schritt 25 | Lasst uns gruseln

Schülerbefragung zur Unterrichtsqualität

Datum: .... Klasse: .... Junge ☐ Mädchen ☐

Bewerte jede Frage mit der Skala von +2 bis –2.

	+2	+1	0	-1	-2
Fandest du den Unterricht interessant?					
Wie schätzt du deinen Lernzuwachs ein?					
Wie angemessen war das Lerntempo?					
Passte die Methode zum Thema?					
Wie gut war der Unterricht strukturiert?					
Wie zufrieden bist du mit deiner eigenen Mitarbeit?					

Zähle am Ende die Plus- und die Minus-Punkte zusammen. Trage die Gesamtpunktzahl mit dem Vorzeichen + oder - ein: ....

Hier ist noch Platz für deine persönlichen Äußerungen:

....

....

....

Auswertungstabelle für Lehrer/in:

Kriterien	+2	+1	0	-1	-2
Interesse/Motivation Schüler					
Stoff bewältigt					
Kongruenz Inhalt/Methode					
Zeitverlust durch Störungen					
Transparenz/Struktur der Stunde					
Selbstzufriedenheit					

Summe der Bewertungen: ....

Schritt 25 | Lasst uns gruseln

Arbeitsblatt 41: Himmel und Hölle

> Jeden Sonntag ging Herr P. in die Kirche. So fragten wir ihn eines Tages im Scherz, was denn wohl im Himmel und in der Hölle mit den Menschen geschähe, die ganz besonders belohnt oder bestraft werden müssten. Er antwortete: „Man erfüllt ihnen jeden Wunsch."

S. Macht

> ➤ Erläutere und gib Beispiele: Was wünscht ein guter Mensch? Was wünscht ein böser Mensch? Wie kann Wunsch-Erfüllung Strafe sein?
> ➤ Was ist im folgenden Liedtext so ähnlich wie in der Geschichte oben?

Die Hölle, da sitzen sie Kopf an Kopf,
die herrlichsten Speisen schwimmen im Topf;
doch weit ist der Topf entfernt vom Mund:
Der Tisch ist groß, der Tisch ist rund.

Und binden sie Löffel in ihre Hand
aus feinstem Silber, zwei Meter lang:
Sie erreichen den Topf, doch nicht den Mund.
Der Tisch ist groß, der Tisch ist rund.

Im Himmel, da sitzen sie Kopf an Kopf
die herrlichsten Speisen schwimmen im Topf
doch weit ist der Topf entfernt vom Mund:
Der Tisch ist groß, der Tisch ist rund.

Und binden sie Löffel in ihre Hand
aus feinstem Silber, zwei Meter lang
dann führn sie den Löffel zum fremden Mund ...
Der Tisch ist groß, der Tisch ist rund.

S. Macht

Schritt 26 | Alles auf Sieg gesetzt

„Diese Loser!", ruft der Fußballfan, wenn ein Spiel verloren geht – könnte er es denn besser? Wann ist jemand ein „Loser"? Wer kann das beurteilen? Und wie kann ich selbst mit Niederlagen umgehen?

Es geht um ...

Der Unterricht öffnet folgende Fragehorizonte:

- Was für ein Gefühl ist das – verlieren?
- Was für ein Gefühl ist das – gewinnen?
- Welche Ziele setze ich mir?
- Was kann ich selbst dafür tun, dass ich meine Ziele erreiche?
- Was bedeutet es (für mich), wenn ich scheitere?
- Wie geht meine Umwelt, wie gehe ich mit einer Niederlage um?

Darauf kommt es an ...

Die Schülerinnen und Schüler

- kennen den Wert von Erfolgserlebnissen für das eigene Selbstbewusstsein;
- kennen die Risiken von Überforderung und Enttäuschung;
- unterscheiden zwischen Ehrgeiz und Überforderung;
- wissen, dass hohe Ziele hohen Einsatz erfordern;
- entwickeln Geduld und Zähigkeit;
- erfahren die Entlastung, die es bedeutet, nach einer Niederlage wieder aufgebaut / wieder angenommen zu werden;
- kennen das Gleichnis vom verlorenen Sohn und können es entfalten;
- verstehen das Vaterbild des Gleichnisses als Gottesbild Jesu.

Schritt 26 | Alles auf Sieg gesetzt

Seite für Seite

Seite 233: Kinder und Jugendliche haben Träume. Sie wollen viel erreichen. Die Frage ist, wie sehr sie bereit und fähig sind, einzusetzen – sich selbst einzusetzen. Medien gaukeln ihnen vor, Erfolg käme wie von selbst, die Werbung suggeriert: Der neue Joghurt, das angesagte Outfit, die richtige Versicherungspolice würde es schon richten. Umso leichter lassen Mut und Engagement nach, wenn sich die ersten Schwierigkeiten zeigen. Gerade aber Beispiele aus dem Sport eignen sich, deutlich zu machen: Es verlangt eine Menge Kraft und Geduld, sich zu durchzusetzen (vor allem auch: gegen sich selbst).

Seite 234: Fairness im Sport – ein ewiges Thema. Jenseits des Rummels um große Sportereignisse wie die Olympischen Spiele tut es gut, sich auf die Ideale zu besinnen, die zumindest noch beschworen werden: Dabei sein ist alles. Es geht (eigentlich) um ein ehrliches, friedliches Kräftemessen, es geht (eigentlich) darum, Erfahrungen zu machen, mit sich und mit anderen, schließlich auch darum, Spaß zu haben.

Seite 235: Ein trauriges Gesicht kann viele Hintergründe haben – in der Maske des Clowns wirkt es verloren, einsam, ungetröstet. Es lädt ein, über eigene Einsamkeiten und Verlorenheiten zu sprechen bzw. den Blick zu schärfen für die, deren Einsamkeit vielleicht zu lindern wäre durch Anteilnahme, Begleitung, Trost.

S. 236-238: Das Gleichnis vom verlorenen Sohn ist in erster Linie eine Mutmachgeschichte: ... Und wenn du dann an deine Grenzen stößt, wenn du merkst, du hast dich vollkommen verrannt, ja, wenn du dir den Schlamassel, in dem du sitzt, selbst vorzuwerfen hast – es gibt ein Zurück. In Jesu Verkündigung von Gottes heiler Welt ist das die wichtigste Botschaft: Es gibt ein Zurück. Da sind offene Arme – du brauchst dich nicht einmal zu entschuldigen.

In zweiter Linie zielt das Gleichnis auf die, die anderen die zweite Chance neiden. Sie werden jedoch nicht in die Ecke gestellt nach dem Motto: Das sind die Hartherzigen, an denen geht das „Fest" vorbei. Sondern sie werden umworben: Komm herein, feiere mit, fordert der Vater den Sohn auf.

Die Bilder der „Streichholzschachtelgeschichte" erzählen ein Stück weiter als Jesus: Sie zeigen am Schluss heile Beziehungen – so wie auch zu Beginn: Der Ausbruch des jüngeren Sohns ist vollkommen bewältigt – mehr als das: Auf einmal kann auch der ältere Sohn befreit lächeln.

Tipps und Tricks

Das Beispiel der Olympischen Spiele eignet sich besonders, um die Kluft zwischen Anspruch und Realität aufzuzeigen und mit dieser gewonnenen Erkenntnis einen Selbstversuch zu wagen. Gerade Schülerinnen und Schüler der Unterstufe messen sich gern spielerisch im Wettkampf.

Ein Spiele-Nachmittag – soziales Lernen

Ein Spiele-Nachmittag fördert zugleich die Klassengemeinschaft. Es macht den Schülern Spaß, ihre Lehrer außerhalb des Unterrichts zu erleben, und auch für die Lehrer ergeben sich andere Sichtweisen, wenn sie ihren Schülern „privat" begegnen.

Unter dem Motto „Olympische Spiele der Klasse ..." wird der Nachmittag fächerverbindend vorgeplant und durchgeführt. Der *Geschichtsunterricht* nähert sich von historischer Seite den Olympischen Spielen der Antike, die seit 776 v. Chr. einerseits zu Ehren der Götter stattfanden, andererseits auf sozialer Ebene die Funktion hatten, ein Gefühl der Zusammengehörigkeit zu pflegen. Sie waren religiöses Fest und sportlicher Wettkampf in einem. Während der Olympischen Spiele ruhte jede kriegerische Auseinandersetzung. Diese Friedensidee wurde in der Neuzeit 1896 von dem Franzen Coubertin wiederbelebt. Das Charisma der Spiele wurde von den Nazis (u.ö.) missbraucht.

Im *Religionsunterricht* werden die griechischen Götter und die Bedeutung der Spiele zu Ehren von Zeus besprochen. Die Olympioniken waren einem Ehrenkodex verpflichtet, der uns bis in die heutige Zeit unter den Schlagwort „Fair Play" Orientierung gibt.

Das Thema Olympische Spiele kann im *Deutschunterricht* aufgenommen werden, indem „Was-ist-Was"-Bücher oder die Reihe „So lebten sie im alten Griechenland" etc. gelesen werden.

Der *Sportlehrer* stellt Spiele zusammen, die einerseits wettkämpferischen Charakter haben können, andererseits auch gemeinschaftsfördernd sind. Es geht nicht schwerpunktmäßig um den Sieg, sondern um das Erlebnis, eine Herausforderung anzunehmen. Um die Erfahrung: „Gemeinsam sind wir stark."

Ein solcher Spiele-Nachmittag ist auch dem Gedanken der Öffnung von Schule verpflichtet und bietet eine gute Möglichkeit, die Eltern mit in die Schulgemeinschaft zu integrieren und zu verdeutlichen, dass die Kompetenzen, die in der Schule angelegt werden, zu Hause weiter geübt werden müssen. Schülerinnen und Schüler sind stolz auf ihre Leistungen und präsentieren sie gern vor Publikum.

Den Rahmen des Nachmittags bilden Speis und Trank, die gemeinschaftlich eingenommen werden. Zur Information der Eltern können Schülerarbeiten aus den vorangegangenen Unterrichtsstunden auf Stellwänden präsentiert werden. Die Eltern erhalten die Möglichkeit zu einer Art Museumsgang und können so Einblick in den Unterricht nehmen.

Die erfolgreiche Nachhaltigkeit eines solches Nachmittags erlebt man Jahre später, wenn die Schüler von ihren Erinnerungen berichten.

Schritt 26 | Alles auf Sieg gesetzt

Arbeitsblatt 42: Geschafft!

Lebenslauf

a
a

ha
ha
ha

schafft
schafft
schafft

fft
fft
ft

†

- Lies den seltsamen Text *laut* vor!
- Fülle diesen Lebenslauf mit „Leben" – welche Stationen beschreiben die Buchstaben? Beschreibe mit Worten.
- Interpretiere die Gestalt des letzten Buchstaben.
- Hältst du den Text für eine Beschreibung, eine Klage, eine Kritik? Stimmst du jeweils zu?
- Ein einziges Wort steht in der „Lebensmitte" – alles läuft darauf zu – alles kommt davon her: Kennst du andere Worte, die bei dem einen oder anderen Menschen das ganze Leben regieren? Welches Wort würde/könnte ... bei dir dort stehen – oder sind es mehrere?

Die Schritte im Einzelnen

Arbeitsblatt 43: Blues

Probiert, den Blues zu singen (am besten zur Gitarre).
Beschreibt die Stimmung, die vermittelt wird.
Vergleicht mit dem Text in RELi + wir – S. 23-238

2. Wohlgerüstet zieht er los,
lebt mit Freunden ganz famos:
Saus und Braus, Geld geht aus –
nun hilft niemand raus!

3. Schweine hüten geht der Sohn
reicher Eltern nun für Lohn.
Er ist matt, wird kaum satt –
lebt mit Spott und Hohn.

4. Da beschließt er heimzugehn,
will als Knecht beim Vater flehn:
„Hilf mit Brot in der Not
mir vorm Hungertod!"

5. Doch der Vater wartet schon,
nimmt ihn wieder auf als Sohn,
gibt ein Fest, trotz Protest
und des Bruders Droh'n.

Schritt 27 | Der Fußballgott

Was hat Gott mit Fußball zu tun? Vielleicht mit Luthers denkwürdigem Satz: „Woran du dein Herz hängst, das ist dein Gott"? Dann sollte ich mein Herz an etwas hängen, das hält.

Es geht um …

Der Unterricht öffnet folgende Fragehorizonte:

- Was ist für mich ein richtig großes Fest?
- Was ist mir heilig?
- Wofür will ich einstehen und wie?
- Was ist ein Fan? Was ist ein Glaubender?
- Wer ist für mich Gott?

Darauf kommt es an …

Die Schülerinnen und Schüler

- kennen Rituale des Sports;
- vergleichen Sport-Event und Gottesdienst;
- kennen Ablauf und Sinn eines kirchlichen Gottesdiensts;
- beziehen Stellung in der Frage, was im Leben zählt;
- kennen Offenheit als Kriterium für eine lebensförderliche Gemeinschaft;
- fragen nach „ihrem" Gott.

Die Schritte im Einzelnen

Seite für Seite

Seite 240/241: „Unser Leben sei ein Fest", heißt es in einem Kirchenlied (EG 557, Text: Josef Metternich Team, Kurt Rose). Wie ein Fest werden Sport-Events zelebriert: Fanartikel gehören dazu, eine Eröffnungsshow, Anreise, Ausstattung, Publikumsrituale. Man bekennt Farbe (schwarz-rot-gold im Gesicht, am Auto, auf der Jeans), man nimmt Urlaub, man spricht mit „Fremden", bloß weil die eben auch schwarz-rot-gold tragen. Die „tollen Tage" gehen vorüber wie ein Rausch – was bleibt? Bei manchen Ernüchterung, bei anderen Überdruss. Das Hoch-Gefühl verliert sich, Alltag kehrt ein. Vier Jahre warten?

> Unser Leben sei ein Fest.
> Jesu Geist in unserer Mitte,
> Jesu Werk in unseren Händen,
> Jesu Geist in unseren Werken.

So geht es im Lied weiter – das Lebensfest, das Jesus inszeniert, soll ausstrahlen und weiterwirken – im Refrain heißt es: „an diesem Morgen und jeden Tag". Es geht um „Geist", also um die Lebenseinstellung, und um „Werke", um das, was Menschen aus dem Geist Jesu heraus tun. – Und das wird nicht Alltag?, mag man fragen.

> Unser Leben sei ein Fest.
> Brot und Wein für unsere Freiheit,
> Jesu Wort für unsere Wege,
> Jesu Weg für unser Leben.

Gerade der Glaube hat und braucht Rituale der Auffrischung, Erinnerung, Neu-Belebung. Das Lied verweist in der zweiten Strophe auf das Abendmahl. Da wird der Grund der Freude immer wieder neu erfahrbar, schmeckbar, feierbar.

Seite 243: „Wenn Konfirmanden im Gottesdienst sitzen und ich in ihre Gesichter sehe, beginne ich über den Sinn der Liturgie zu grübeln", erzählte neulich ein junger Pfarrer. „Was muss eigentlich unbedingt sein? Was ist so schwer nachzuvollziehen, dass es eher stört als dem Verständnis hilft?" – Das Statement des Jugendlichen legt nahe: Verstehen ist nicht alles – auch ungewohnte Teile der Liturgie können akzeptiert werden, wenn sie als „gehört halt dazu" identifiziert werden. Leben braucht einen Rahmen, Feiern auch. Zum Gottesdienst gehören Gebete, Lieder, Bibeltexte; im evangelischen Gesangbuch kann man sich orientieren – da ist der Gottesdienstablauf abgedruckt.

Seite 244: Zwischen „Der Herr ist mein Hirte" (Psalm 23) und „Mein Gott, mein Gott, warum hast du mich verlassen?" (Psalm 22) spannen sich die Erfahrungen, die Menschen mit Gott gemacht und in der Bibel festgehalten haben. Es ist wichtig, sich klarzumachen, dass nicht einmal die Urkunde des christlichen Glaubens Brief und Siegel darauf gibt, dass ein Leben mit Gott ungetrübtes Glück garantiert. Nur eines wird garantiert: Gott steht auf der Seite des Lebens, auf der Seite der Schwachen, der Ausgegrenzten – Gott schaut nicht weg und wird nicht untreu. „Wohin du auch gehst – ich gehe mit", verspricht er den Erzvätern und allen, die nach ihnen kommen. Damit ist gemeint: auch und gerade ins Leid und bis in den Tod und darüber hinaus.

Schritt 27 | Der Fußballgott

Tipps und Tricks

Die Rituale von Kirche und Sport werden verglichen; dabei entsteht ungefähr folgendes Tafelbild (Ist erst der Anfang gemacht, wird die Schülerinnen und Schülern erfahrungsgemäß vieles Weitere einfallen!):

	Kirche	**Stadion**
Veranstaltung	Sonntagsgottesdienst	Samstagsspiel
Kleidung	Pfarrer-Talar, Besucher chic	Spieler-Trikot, Fankluft
Beginn	Glockenläuten, Orgelvorspiel	Hymne der Heimmannschaft
Lieder	Herr Gott, erbarme dich	Als Hymne ungedichtete Songs
Körpergesten	Segen empfangen, aufstehen	La-Ola-Welle, Rasen küssen
Wirkungsdauer	Gute Gottesdienste bleiben in Erinnerung	Wunder von Bern, Sommermärchen 2006
Fanartikel	Kette mit Kreuz, Fisch, Rosenkranz	Autogrammkarten

Sehr in Mode sind bedruckte T-Shirts, die Fußballspieler unter dem Trikot tragen. Nach Toren werden sie gelüftet „Gott gibt mir Kraft!" oder „Jesus". So bekennen die Spieler sich vor Tausenden von Fans zu ihrem Glauben. Was wäre, wenn wir uns das Gleiche trauen würden? Schüler überlegen sich eine Aussage und dann werden einfache weiße T-Shirts mit Stoffmalfarben, dicken Eddings oder wenn es nicht gewaschen werden soll auch mit ganz normaler Abtönfarbe beschriftet. Nach Fertigstellung wird eine Pause oder ein Tag verabredet, an dem möglichst viele dieses T-Shirt tragen. Wer vermag die Außenwirkung einzuschätzen, wenn an diesem Tag alle über Religion sprechen?

Aufschlussreich: ein Vergleich zwischen Vaterunser und „Schalke Unser" von 1993 (Arbeitsblatt 44)

Arbeitsblatt 44: Schalke unser

Schalke unser im Himmel,
die du bist eine himmlische Mannschaft,
verteidigt werde dein Name,
dein Sieg komme,
wie zu Hause, so auch auswärts.
Unser tägliches Schalke-Pils
gib uns heute. Und vergib uns
unseren Dortmund-Hass,
wie auch wir vergeben allen
Dortmund-Hassern. Und führe uns
nicht ins Westfalenstadion,
sondern erlöse uns von den Borussen.
Denn dein ist der Sieg
und die Macht und die Meisterschaft
– in Ewigkeit, Schalke!

Markiere mit Grün: Was ist wortwörtlich dem Vaterunser entnommen? Markiere mit Rot: Was kann als Verhöhnung des Vaterunsers aufgefasst werden?

Schreibe ein Gutachten: Ist das „Schalke-unser" Gotteslästerung?

Schritt 27 | Der Fußballgott

Arbeitsblatt 45: Gott ist tot?

An die Wand des Gemeindehauses hat jemand vor einigen Tagen: „Gott ist tot" gesprüht und darunter in Klammern den Urheber des Zitates gesetzt „Nietzsche".

Heute morgen stand daneben gesprüht: „Nietzsche ist tot" und in Klammern: „Gott".

Hier ist Platz, das Graffito nachzuahmen – oder ein ganz anderes.

- Wer ist oder war Nietzsche? Wo kannst du nachschauen?
- Was wollte der erste Graffiti-Sprayer zum Ausdruck bringen?
- Und der zweite?

Die Schritte im Einzelnen

Arbeitsblatt 46: Ein Lied über Gott und die Welt

Gott hält uns,
doch er hält uns nicht auf.
Gott hört uns,
doch er hört uns nicht ab.
Sein Vorgehn
übergeht uns nicht
DIE Gangart
geht uns alle an.

Gott dient uns:
Er dient diesem wie jenem,
doch dient er
nicht zu diesem und jenem
Mit Sorge
verfolgt er unsern Weg.
Seid sorglos:
Er verfolgt uns nicht.

Gott bindet,
doch er bindet nicht an.
Gott sieht uns
unsre Schwächen nach.
Sein Rufen
brachten wir in Verruf.
Sein Schweigen
verschweigt uns nichts.

Gott gibt uns,
er umgibt uns ganz.
Gott gibt sich,
gibt die Schöpfung nicht auf.
Sein Geben
gibt nicht an, es gibt Raum.
Und nimmt er,
nimmt er an und nicht aus.

Gott richtet,
richtet auf und nicht ab.
Gott trägt uns
nichts vor und nichts nach
Gott bleibt,
bleibt er manchmal auch fort.
Wir haben,
dass er kommt, sein Wort.

Aus: S. Macht, Noch lange nicht aus-
gedient. Neue Lieder für Schule und
Gemeinde © Strube Verlag GmbH,
München-Berlin

Such dir eine Lieblingsstrophe aus. Begründe deine Wahl.
Schreib eine weitere Strophe.

Schritt 28 | Durchs Feuer gehen

Leben kann so empfindlich sein wie das schwache Licht eines verglühenden Dochts. Aber Jesus hat gesagt: Den glimmenden Docht will ich nicht auslöschen.

Es geht um …

Der Unterricht öffnet folgende Fragehorizonte:

- Wie kann man prüfen, ob jemand „echt" ist?
- Wie weit gehe ich für meine Liebe? meine Überzeugung? meinen Traum?
- Wie weit gehe ich für einen anderen?
- Wie weit ist Jesus gegangen?
- Was hat das Kreuz Jesu mit mir zu tun?

Darauf kommt es an …

Die Schülerinnen und Schüler

- kennen das Symbol „Feuer" und deuten die Redewendung „durchs Feuer gehen";
- wissen, dass sich manche Opfer lohnen, manche nicht – und können unterscheiden;
- kennen den hohen Anspruch, den Gott an seine Boten/Auserwählten stellt;
- kennen die Geschichte von den Emmaus-Jüngern und suchen nach Erkennungsmerkmalen des Auferstandenen;
- verstehen das Symbol „Kreuz" als Zeichen der Hingabe;
- deuten Jesu Kreuzestod als freiwilliges Mitleiden Gottes mit allen Leidenden;
- wissen von der christlichen Hoffnung, dass Jesu Auferstehung allen Menschen Hoffnung auf Leben gibt;
- finden Spuren von Auferstehungshoffnung in ihrem eigenen Leben.

Die Schritte im Einzelnen

Seite für Seite

Seite 246/247: www.elternimnetz.de über „Mutproben" und die Gratwanderung zwischen dem, was der Entwicklung nützt, und dem, was schadet und beschädigt:

> Grundsätzlich gilt, dass ein Kind erst lernen muss, Gefahren zu erkennen und Risiken einzuschätzen. Grundsätzlich gilt aber auch, dass Kinder unterschiedlich sind. Das zeigt sich schließlich auch in ihrer Lust, Grenzen zu erfahren und über sie hinauszugehen. Das eine Kind geht eher vorsichtig mit neuen Situationen um. Es muss vielleicht sogar ermutigt werden, Neues auszuprobieren. Ein anderes prescht vorwärts, ohne mögliche Risiken und Gefahren zu bedenken. Alle sollen sehen, was es kann. Es traut sich alles zu, es möchte seine Furchtlosigkeit zeigen. Unabhängig davon, ob Ihr Kind vorsichtig oder eher draufgängerisch ist, werden Sie sich als Eltern immer Sorgen machen, wenn es seinen Mut erprobt. Zumal in der Pubertät, einer Zeit, in der die Clique Ihres Sprösslings weit mehr Einfluss hat als Sie. Da kann eine Mutprobe ganz anders aussehen als bei einem jüngeren Kind. Der Gruppendruck kann dazu führen, dass Ihr Sprössling auf einmal einen Wagemut zeigt, der die Mutprobe zu einem nicht nur strafbaren, sondern auch lebensgefährlichen Unternehmen macht. Riskantes Snowboarden, wilde Motorradfahrten, Stehlen, diese „Heldentaten" macht es „cool" für seine Freunde. So werden Sie Ihr Kind kaum davon abhalten können, denn natürlich möchte es die Freunde beeindrucken, nicht seine Eltern. Sie können nur versuchen, mit Ihrem Nachwuchs im Gespräch zu bleiben. Mit ihm gemeinsam nach Möglichkeiten zu suchen, wo seinem Bedürfnis nach Mutproben in verantwortlichem Rahmen nachgegeben werden kann. Viele Natursportvereine, Jugendverbände und Jugendringe bieten zum Beispiel Unternehmungen an, die den Mut Ihres Kindes herausfordern, deren Bewältigung es schließlich stärken und stolz machen.

Seite 248: Ein Beispiel für Jeremias Wahrnehmung seines Amtes:

> Herr, du hast mich überredet und ich habe mich überreden lassen. Du bist mir zu stark gewesen und hast gewonnen; aber ich bin darüber zum Spott geworden tagtäglich, und jedermann verlacht mich. Denn sooft ich rede, muss ich schreien; „Frevel und Gewalt!" muss ich rufen. Denn des Herrn Wort ist mir zu Hohn und Spott geworden täglich. Da dachte ich: Ich will nicht mehr an ihn denken und nicht mehr in seinem Namen predigen. Aber es ward in meinem Herzen wie ein brennendes Feuer, in meinen Gebeinen verschlossen, dass ich's nicht ertragen konnte; ich wäre schier vergangen. (Jer 20,7-9)

Die biblische Prophetenbücher legen nahe, dass es Wahrheiten gibt, die unbedingt gesagt werden müssen – der, der sie weiß, kann sie nicht „einfach" für sich behalten. Allerdings darf auch nicht verschwiegen werden, dass der göttliche Auftraggeber seinen Boten nicht im Regen stehen lässt. Die andere Seite der Klagen Jeremias ist die: „Wenn sie auch wider dich streiten, sollen sie dir doch nichts anhaben; denn ich bin bei dir, dass ich dir helfe und dich errette, spricht der Herr (Jer 15,20).

Seite 249: Ein besonderes Detail der Emmaus-Geschichte: Als die Jünger Jesus noch nicht erkannt haben, er ihnen aber Kreuz und Auferstehung erklärt, möchten sie ihn bei sich behalten (Lk 24,29) – sie sind noch einmal ganz Schüler und haben ihren (neuen) Lehrer gefunden – als sie ihn dann aber beim Brotbrechen erkennen und er verschwindet, trauern sie ihm nicht nach: Sie haben erkannt – und freuen sich. Und können allein weiter.

Schritt 28 | Durchs Feuer gehen

Seite 250/251: Es gibt viele Wege, sich dem Kreuz zu nähern – über die unterschiedlichen „Typen" von Kreuzen, die es in der Kunst gibt, über die Musik, das meditierende Bedenken von Bibeltexten, über das Begehen eines Kreuzweges oder über bewusstes Fasten in der Passionszeit (7 Wochen ohne). Ob im Mitgehen oder aus der Distanz des Beobachtenden stellt sich immer neu die Frage: Warum hat Jesus das mit sich machen lassen? Ein Unterrichtsmaterial für die Grundschule (Martina Steinkühler, Fast Nacht, Göttingen 2007, S. 21) greift diese Frage auf:

> Immer wieder haben Menschen nicht verstehen können, dass ein Gottessohn, ausgestattet mit göttlicher Vollmacht, sich nicht mit Wundern und Machtbeweisen Geltung verschaffen konnte. Manche seiner Anhänger haben gewiss bis zum Schluss gehofft, er werde unversehrt (mit Blitz und Donner) vom Kreuz herabsteigen. Und auch heute fragen Menschen: Warum siegt denn nicht endlich das Gute? Wenn Gott so mächtig ist und so gut – warum lässt er Leid und Unrecht zu? Warum verhilft er der „gerechten Sache" nicht mit einem „heiligen Donnerwetter" zum Sieg?

Die Antwort, die Schülerinnen und Schüler (vielleicht) aus vorigen Jesus-Einheiten im RU – auch aus Märchen und (Kunst-)Mythen – kennen, ist: Das Gute setzt sich nicht mit Gewalt durch, sondern mit Liebe.

Das ist immer wieder schwer zu verstehen und für Kinder, die Ritter und Helden lieben, „unattraktiv" – und doch die einzige Antwort, die – dem christlichen Glauben nach – trägt.

Die Schritte im Einzelnen

Tipps und Tricks

In Lukas 24 wird die Geschichte der Emmausjünger erzählt. Traurig wandern die Jünger nach Emmaus. Fröhlich machen sie schließlich die Entdeckung, dass Jesus von den Toten auferstanden ist. Gefühle, die den Schülerinnen und Schülern aus ihrem eigenen Lebensalltag bekannt sind. Die Jünger sehen zu Beginn nicht, dass Jesus unter ihnen weilt. Nach dem Abendmahl erkennen sie es erfreut.

Reibebilder – Erzählen und Visualisieren

Anhand der Methode von Reibebildern kann eine Lehrerzählung visuell unterstützt werden. Für die Reibebilder werden Motive aus Karton ausgeschnitten und auf Pappe aufgeklebt. Ein Haus im jüdischen Baustil, Jünger im langen Gewand, Jesus, der einen Wanderstab mit sich führt, eine Wolke, Weg, Sonne, Stadttor usw. Im zweiten Schritt werden diese mit passendem Papier bedeckt. Der Lehrer erzählt die Emmausgeschichte (schülergerecht aufbereitet) in Etappen. Nach jedem Abschnitt erhalten die Schüler Wachsmalkreide und rubbeln dann über den Teil des Papieres, der für sie gekennzeichnet ist. So entstehen Konturen (vergleichbar mit einem Bleistift, Papier und einer Münze darunter) und farbige Flächen. Für die ersten Reibebilder werden Symbole in dunklen Farben ausgewählt: eine graue Wolke. Der Farbverlauf wird immer heller, so wird auch die Gemütslage der Jünger von traurig bis fröhlich visualisiert.

Je nach Gruppengröße können 4 bis 6 Reibebilder an der Tafel befestigt werden. Die Schülerinnen und Schüler sitzen im Doppelstuhlkreis vorne an der Tafel und rubbeln gruppenweise die Reibebilder. Bei größeren Lerngruppen können zwei identische Bildfolgen entstehen. In arbeitsteiliger Gruppenarbeit können die verschiedenen Reibebilder in der Tischgruppe gerubbelt werden und in einem nächsten Schritt nach der Lehrererzählung in die richtige Reihenfolge gebracht werden. Die Vorlagen der Reibebilder können danach immer wieder genutzt werden.

Um auch die sozialen Kompetenzen zu schulen, erhalten jeweils zwei Schüler einen Edding und ein Papier in Form einer Sprechblase. Die Paare tauschen sich aus, welche Gedanken die Jünger gehabt haben könnten. Die Hälfte der Gruppe überlegt sich Gedanken zu Beginn der Erzählung (dunkel, düster, traurig). Die andere Hälfte der Lerngruppe überlegt sich Gedanken nach der Erkenntnis von Emmaus (erleichtert, fröhlich, sich umarmend). Als unterstützendes Angebot für leistungsschwächere Schüler können Karteikarten mit solch umschreibenden Vokabeln bereitgestellt werden.

Die Stunde kann auch den Begriff „sehen" thematisieren. Zu Beginn sehen die Schüler nur weiße Blätter, durch das Rubbeln sehen sie nun Bilder. Ebenso sehen die Jünger zu Beginn der Erzählung nicht, dass Jesus unter ihnen weilt. Diese Erkenntnis erlangen sie in Emmaus. Ein Geheimnis ist nicht gleich sichtbar. Wir brauchen Unterstützung, um das Geheimnis zu lüften oder die Entdeckung zu machen. Nicht alles ist das, was es zu sein scheint. Hinter einer weißen Fassade können sich vielfältige Dinge verbergen, die wir nicht sehen können.

Schritt 28 | Durchs Feuer gehen

Arbeitsblatt 47: Lebensfeuer

Am Rand einer kleinen Siedlung in Australien standen drei wunderschöne große alte Eukalyptusbäume. Es musste eine besondere Sorte sein: Ihr Stamm und ihre Blätter unterschieden sich bei näherem Hinsehen ein wenig von den Artgenossen in der weiteren Umgebung. Während rings um diese jedoch immer wieder einmal ein Same aufging und der eine oder andere kleine Eukalyptusbaum nachwuchs, blieben unsere drei ohne Nachkommen…
Die Einwohner der Siedlung waren bekümmert, sorgten sich für ihre Kinder und Kindeskinder und ließen schließlich einen der älteren Eingeborenen fragen, der hier geboren wurde, nun aber in der großen Stadt hinter den Hügeln wohnte: „Sollen wir die Erde um die Bäume lockern oder die Äste der alten Bäume kürzen, damit der Boden mehr Licht erhält?" - „Nein" sagte der Alte. - „Sollen wir den Boden wässern oder den Samen etwas tiefer in die Erde drücken?" Der Alte schüttelte den Kopf. „Aber was ist es dann?" - „Das Buschfeuer, ja, das Buschfeuer. Es sind die Samen, die nicht keimen, wenn nicht das Feuer über die Erde geht."

©Siegfried Macht

Das ist eine wahre Erzählung, solchen Samen gibt es wirklich.

> - „Feuer ist Leben" und „Feuer ist Tod". Nenne Beispiele.
> - Nenne weitere zeichenhafte Redewendungen über das Feuer (und die Asche).
> - Spielt eine Situation (nach), in der ihr jemanden anfeuert.
> - Warum kommt die Erzählung vom Eukalyptussamen am Karfreitag und am Ostersonntag in mancher Predigt vor?

Arbeitsblatt 48: Baum des Lebens

Aus südamerikanischen Gemeinden kommt der Brauch, um das als Lebensbaum geschmückte Kreuz zu tanzen. Da vermischen sich Trauer und Trost, Ruhe und Lebendigkeit, Fragen und Hoffnung wie in der folgenden Bewegung zum Kanon oben: Ausgangsstellung im ungefassten Kreis, Blick zur Mitte, Schrittmaß $\frac{1}{2}$ Note ($\frac{1}{4}$ in Takt 5 und 6):

Takt	Bewegung
1+2	4 Schritte vorwärts, dabei Hände schräg seitwärts wie zum „Lebensbaum" heben.
3+4	Handinnenflächen der erhobenen Hände an die der Nachbarn legen und hin- und herwiegen.
5+6	Fassung lösen, Hände fallen lassen und mit 4 zügigen Schritten (1/4) rückwärts gehen, mit 4 weiteren rechts herum in kl. Kreis auswenden und auf Platz zurück bzw. alle ein wenig im Uhrzeigersinn weiter kommend.
7+8 ?	evtl. 2 Takte lang den Grundton summen, dabei gebeugt verharren.

Variante:
Als Kanon zu dritt (bzw. viert wenn der Grundton einbezogen wird) abzählen und entsprechend nacheinander einsetzen. Das Auswenden in Takt 6 kann dann auch im Uhrzeigersinn in die Lücke führen, die der nächste Partner der eigenen Kanongruppe (selbst weitergehend) hinterlässt.

Die Kreuzungen – Einblicke und Überblicke

Impulse, die eine umfassende Beschäftigung mit den Kreuzungen initiieren, stehen im Schülerbuch jeweils auf der Folgeseite. Hier geht es um Projektarbeit und darum, Präsentationsformen zu finden, die zugleich informieren und unterhalten. Vom Zeit- und Sachbudget, von der Gruppe und der Schule hängt es ab, was hier wie realisiert wird.

Zur inhaltlichen Orientierung finden Sie hier kurze Bildbeschreibungen – was Sie und Ihre Gruppen daraus machen, das würde das Autorenteam gern wissen (relpäd@v-r.de).

Kreuzung A: Jesus und Gott

Der zwölfjährige Jesus im Tempel	Jesus lässt sich taufen
Selbstbewusst und gelassen ist der junge Jesus gezeichnet. Die Gelehrten stehen ihm gegenüber, staunen; in den Evangelien heißt es über die Zeugen von Wundern oft: „Sie entsetzten sich", und zwar darüber, dass Jesus Gott so nah ist. Das Bild bildet dieses Entsetzen ab – auch Jesu Lehre ist ein Wunder.	Wo sind eigentlich Jesu Augen, als Johannes ihn tauft? Mehr als geschlossen, wenn man nach dem Bild geht – nach innen gekehrt? Bei Gott? Und den Schein vom Himmel, die Zusage Gottes: „Dies ist mein lieber Sohn" – den bemerkt Jesus nicht außen, sondern tief innen. Gottes Geist kommt über ihn – Johannes hat nur Mittlerfunktion; seiner Miene nach zu urteilen, weiß er das.
📖 Lukas 2,41ff.; ✳ Tora	📖 Markus 1; ✳ Taufe
Jesus teilt	Jesus betet
Die Speisung der 5000 – ein Junge bringt Jesus die 5 Brote und 2 Fische, Jesus macht damit alle 5000 Versammelten satt. Auf dem Bild deutet sich das Wunder schon an: Der Junge sieht hoffnungsvoll, erwartungsvoll aus. Jesus sieht ihn nicht an; sein Blick ist auf Gott gerichtet, von dem er alles erwartet.	Jesus lehrt beten – das ist Mt 6. Die Zeichnerin hat etwas anderes gemalt: Jesus betet selbst, in Angst und Not, im Garten Gethsemane. Er hat das Kreuz vor Augen – auch die Auferstehung? „Dein Wille geschehe", betet er. Er weiß, dass Unheil, Schmerz und Tod nicht „wegzuzaubern" sind – dass aber über allem ein guter Wille wacht.
📖 Lukas 9,10ff.; ✳ Segen	📖 Matthäus 6; ✳ Vaterunser

Kreuzung B: Jesus und seine Umwelt

Das Land, in dem Jesus lebte, ist räumlich und zeitlich weit vom Schüleralltag entfernt.
Es ist wichtig, „Gefühl" für das Leben ohne Kühlschrank, fließendes Wasser, Mikrowelle und Fernseher zu bekommen – für eine Gesellschaft mit einem starken Gefälle von Reich und Arm, oben und unten, mit zentralen Macht- und Befehlsstrukturen und vorgezeichneten Lebenswegen. Um Dorfbewohner und Fischer, um die römische Besatzung und um das religiöse Zentrum Jerusalem soll es gehen und darum, dass dort, wo Jesus mit seinen Jüngern wanderte, Staub wirbelte, aber kein Motor brummte.

Dorf mit Brunnen	See Genezareth
Im Mittelpunkt jedes Dorfes steht der Brunnen. Wasser ist Leben – das wissen Menschen in einem trockenen Land wie Israel. Viele sind Bauern, abhängig vom Gedeihen der Saat und der Herden. Der Frau, die Jesus am Brunnen trifft, wird mehr geboten: Ich bin das Wasser des Lebens, sagt Jesus. Er meint, dass eine heile Beziehung zu Gott noch lebenswichtiger ist als Essen und Trinken. 📖 Johannes 4	Als Meer wird er bezeichnet, der See Genezareth, groß und wichtig ist er im Leben der Menschen im Land Jesu. Fischer sind Jesu erste Jünger, Fisch und Brot die übliche Kost. Gefährlich kann es werden, wenn man im Boot hinausfährt und vom Sturm überrascht wird. Bei so einer Gelegenheit jedoch schläft Jesus seelenruhig weiter: Nein, die Natur wird dem Sohn des Schöpfers nichts antun – wer dann? 📖 Markus 4,35ff.
Römische Garnison	Tempel in Jerusalem
Das Land Jesu gehört verwaltungstechnisch zum Römischen Reich. Steuern wurden gezahlt an den Kaiser in Rom, sein Wort und Wille und Bild waren allgegenwärtig. Und dann die Soldaten – „Friedenstruppen"? Belagerer? Fromme Juden wollten mit ihnen nichts zu tun haben. Der römische Hauptmann, der Jesus um ein Heilungswunder bittet, weiß das auch. „Du kannst Befehle geben so wie ich", sagt er. „Also tu's." 📖 Matthäus 8	Im Mittelpunkt des religiösen Lebens steht der Tempel in Jerusalem. Gottes Haus, sagen die Juden. Da wohnt seine Ehre. – Als Jesus nach Jerusalem kommt, trifft er dort zunächst auf Händler mit Opfertieren und Andenken und auf Geldwechsler. Empört jagt er sie fort. Seitdem handeln manche Predigten davon, dass selbst Jesus bisweilen die Geduld verlor. 📖 Markus 11,15ff.

Kreuzung C: Menschen, die Jesus begegnen

Die Evangelien erzählen von Begegnungen Jesu mit den „kleinen Leuten" seiner Zeit, mit Fischern, Hirten, Kranken und Schwachen, mit Menschen von zweifelhaftem Ruf. Sogar mit Aussätzigen gab er sich ab, mit Verrätern - mit Frauen, die die starren Grenzen von Moral und Sitte zerbrochen hatten („Hure", „Ehebrecherin"). Und dann waren da die Gegner; die, die ihn ablehnten, weil sie sich selbst nahe bei Gott glaubten: Schriftgelehrte und Pharisäer nennt sie die Bibel. Man sollte sie ernst nehmen, so wie sie sich ernsthaft um Gottes Willen und Gottes Wohlgefallen bemüht haben. Nur in einem hat Jesus sie kritisiert: Dass sie sich so sicher waren, „gut" zu sein, und dass sie andere deshalb „schlecht" machten.

Maria und Marta	Zachäus
Frauen in der Bibel: verheiratet werden sie, Kinder gebären sie, möglichst Söhne – zu sagen haben sie wenig. Selten liest man, dass sie sich unterhalten, dass sie etwas lernen, nie. Jesus spricht mit Frauen wie mit Männern – seine Lehre ist für alle. Maria, die Schwester Martas und des Lazarus, ist so begierig zu lernen, dass sie die Hausarbeit vergisst. Als Marta sie deshalb tadelt, nimmt Jesus Maria ausdrücklich in Schutz. „Du gibst dir viel Mühe, Marta", sagt er. „Maria aber weiß, worauf es ankommt."	Wer an der Zollstation sitzt und Zollgebühren erhebt, ist ein Verräter – Diener Roms! Er saugt das eigene Volk aus und, schlimmer noch: Er bereichert sich daran. Zöllner waren verrufen als gierig und unehrlich. Man konnte ihren Wohlstand sehen. Man konnte sie nicht riechen. Wie gut, dass der Zöllner Zachäus so klein war! Da konnte man ihm eins auswischen – die Sicht auf Jesus versperren. Zachäus stieg auf einen Baum – so gern wollte er sehen. Und tatsächlich: Jesus öffnete ihm die Augen ...
📖 Lukas 10,38ff.	📖 Lukas 19
Der Aussätzige	Pharisäer
Eine Geißel der Zeit Jesu war der Aussatz: Hautausschlag, faulende Glieder: die Kranken waren sichtlich „gezeichnet", musste das nicht eine Strafe Gottes sein? Die Aussätzigen lebten vor der Stadt, allein für sich. Sie mussten betteln. Eine Perspektive gab es nicht, es sei denn, ein Wunder geschah. Sie konnten „rein" werden und sich das von Priestern bescheinigen lassen. – Jesus machte keinen Bogen um sie. Er ließ sich auf sie ein – machte sie heil.	Angenommen, da sitzt einer im Rollstuhl. Keine Kur schlägt an, die Ärzte sagen: Körperlich ist er gesund. Wenn er nur wollte, er könnte aufstehen. – Warum wohl sollte einer nicht wollen? Psychologen sprechen von Verdrängungsprozessen im Unbewussten, die einen buchstäblich lähmen können. – Jesus sagt dem Gelähmten, den sie ihm bringen: Dir sind deine Sünden vergeben. – Die Pharisäer, die es hören, halten das für Gotteslästerung. Das kann nur Gott. Ja, sagt Jesus – und seht: In Gottes Namen kann ich's auch.
📖 Markus 1,40ff.	📖 Markus 2

Kreuzung D: Gott und sein Ich-bin-Buch

Die Bibel ist eine Sammlung von Büchern, eine Sammlung auch von unterschiedlichen Gottesvorstellungen und Gottesbegegnungen. Es ist wichtig, sich klar zu machen: Nichts in der Bibel ist einfach nur erzählt, um es mitzuteilen – alles ist erzählt, um zu bekennen: Seht, das hat Gott gemacht! Die verschiedensten Textsorten transportieren dieses Bekenntnis: z.B. gesungene Gebete, die erzählte Geschichte vom Auszug des Volkes Israel aus Ägypten, der scheinbar naturwissenschaftliche Bericht von der Schöpfung, die anekdotenhafte Erzählung von Jona und dem Fisch.

Menschen erzählen: Gott hat uns begleitet	Menschen erzählen: Gott hat uns gerettet
Im Psalter vereinen sich Lob, Dank, Bitte und Klage. Oft ist es ein Einzelner, der seine Stimme erhebt, bisweilen auch die Gemeinde. Viele Psalmen werden auf David zurückgeführt, den größten König Israels. Was der Tradition aber fast noch wichtiger war: Zuerst war David ein Hirte. Nur Gottes Erwählung hat ihn zum König gemacht. Hirte war er, Mensch wie du und ich – und sang zur Harfe Gottes Lob. 📖 Psalter; ✶ Psalm	„Hätte Gott uns nicht aus Ägypten gerettet", sagte neulich eine Jüdin, „so würden wir ihn nicht kennen. Er ist, der er ist, und wird sein, der er sein wird – das ist sein Name." Gott ist, der er ist, wenn er rettet. Wenn er Leid sieht und zur Rettung schreitet. Wenn er einen Retter sendet – so wie Mose. Mose hätte es allein nicht geschafft. Aber mit Gottes Stab konnte er retten. 📖 2 Mose; ✶ Mose
Menschen erzählen: **Gott hat uns geschaffen**	**Menschen erzählen:** **Gott ist uns nachgegangen**
In der Urgeschichte werden die Rahmenbedingungen menschlichen Lebens erklärt: Warum gibt es Mühen und Plagen? Warum Eifersucht und Hass? Warum Naturkatastrophen? Die Geschichte von Noah und der Sintflut legt nahe: Unglück ist Strafe, ist Ausdruck von Gottes Überdruss an der Schlechtigkeit der Welt. Der Ausgang der Geschichte wiederum legt nahe: Gott liebt die Welt – trotz all ihrer Mängel und Macken. 📖 1 Mose 8	Nicht jeder Auftrag, der an uns ergeht, macht Freude; manche Aufgabe, die vor uns liegt, scheint vielleicht sogar unlösbar. Drei Tage „im Bauch des Fisches" mögen der Besinnung dienen. Jona jedenfalls, der flüchtige Prophet, erkennt in den drei „geschenkten" Tagen, dass er mehr kann, als er dachte: sogar eine Stadt retten, die dem Untergang verfallen war – nach Gottes Willen, nicht nach seinem. 📖 Jona 2; ✶ Propheten

Kreuzung E: Gott und das Land, das er liebt

Land hat für Israel einen (uns heute erschreckend) großen Stellenwert. Land hat Gott Abraham verheißen und dann dem Volk, das Mose aus Ägypten folgte. Davids Reich war groß und mächtig – doch nicht von Bestand. Die Könige nach Salomo verloren es Stück für Stück an mächtigere Reiche. Zur Zeit Jesu ist das „heilige Land" in der Hand des römischen Kaisers.

Der Garten Eden	Das Land, das ich dir zeigen werde
Gott pflanzte einen Garten in Eden … (Gen 2,8) – für den gerade geschaffenen Menschen pflanzte er ihn und ließ alles wachsen und gedeihen, was dem Menschen fehlen könnte. Leider konnte der Mensch dort nicht bleiben. Aber die Sehnsucht bleibt. Was ist für uns der Garten Eden? 1 Mose 2	Im Zentrum der Kreuzung sind Abraham und Sara zu sehen, wie sie aufbrechen aus dem fruchtbaren Zweistromland in die Fremde – wohlgemut, weil Gott ihnen Mut macht. Werden die Strapazen des Wegs sich lohnen? Danach fragen sie nicht. Sie sind Viehzüchter. Was sie träumen, ist wohl: Weide und Wasser für die Schafe. 1 Mose 12
Galiläa/Samaria/Judäa	Das Land, darin Milch und Honig fließt
Drei Landesteile spielen eine Rolle in den Erzählungen des Neuen Testaments: Galiläa (mit dem See Genezareth), Samaria, Judäa (mit Jerusalem). Samaria ist in Verruf; mit Samaritanern wollen fromme Juden nichts zu tun haben – umso mehr beschäftigen die Samaritaner Jesus. Neues Testament	Den gleichen Traum wie Abraham und Sara hat auch Mose (so ist es im Bild dargestellt), als er am brennenden Dornbusch Gottes Befehl empfängt: Führe mein Volk aus der Knechtschaft Ägyptens. Da wartet gutes Land auf euch, ein Land, in dem Milch und Honig fließen. Kein Wort einstweilen von den Eroberungskämpfen, von denen, die das Land bereits besiedeln. Gottes Wort und das Land. Wir mögen das heute kritisch sehen. Aber das Bild von „Milch und Honig" verstehen wir unmittelbar – wir schmecken es auf der Zunge. 2 Mose 3

Kreuzung F: Wie Menschen mit Gott reden

Gott ist immer dabei, bei den Menschen der Bibel. Seine Nähe und Aufmerksamkeit zu gewinnen, ihre Dankbarkeit zu zeigen, ihre Bitten und Klagen zu äußern, haben die Menschen zu verschiedenen Zeiten verschiedene Wege gewählt. Das Opfer auf dem Altar ist Menschen heute fremd, das Mit-sich-Führen des Heiligen in einem besonderen Zelt ebenso. Aber rufen und klagen tun sie noch immer – welchen Namen sie dabei auch im Mund führen mögen.

Jakob baut einen Altar	Mose baut ein Zelt
Den Göttern wurden Opfer gebracht – das ist nicht typisch biblisch. Typisch biblisch ist dagegen die mit den Propheten einsetzende Kritik am Opfer: „Gott hat kein Gefallen an euren Opfern. Aufrichtige Herzen sind ihm wichtiger." Und Gott verbietet das Menschenopfer – am Beispiel Abraham und Isaak wird das ein für alle Mal deutlich. Das Bild zeigt Jakob auf der Flucht. Er hat geschlafen und im Traum Gott gesehen. Da baut er am Morgen einen Altar und nennt den Ort Beth-El, Gottes Haus. 📖 1 Mose 28,16ff.	Um Gottes Haus geht es auch bei dem Zelt, vor dem wir Mose mit seinem Stab stehen sehen. Am Sinai hat Mose die Gebote empfangen und er verwahrt sie in einem Kasten, der „Bundeslade". Für diese wiederum wird ein Zelt gebaut, ein Schutz des Heiligen, ein heiliger Raum. Es heißt, dass Mose dort „von Angesicht zu Angesicht" mit Gott verkehrte – und wenn er herauskam, war auf seinem Gesicht ein göttlicher Glanz. 📖 2 Mose 25,10 ff.
David bittet und dankt	**Hiob klagt**
Die Psalmen, viele davon David zugeschrieben, geben tiefen Einblick in alle Lebens- und Seelenlagen eines Menschen. Alles, lehrt der Psalter, kann vor Gott getragen werden – Freude und Leid. Das Besondere an den Psalmen: Oft geschieht der Stimmungsumschwung mitten im Lied: Der gerade noch klagte, dankt plötzlich überschwänglich und feiert seine Erlösung. 📖 Psalm 30	Es gibt sozusagen „zwei Hiobs": Es gibt den Hiob des Märchens – der wird „versucht", indem er alles, was er hat, verliert. Er beweist, dass er ein frommer Mensch ist, indem er dennoch nicht klagt, sondern sagt: „Der Herr hat's gegeben, der Herr hat's genommen. Gelobt sei der Herr." (Hiob 1,21). Der „andere" Hiob aber, der aus der weisheitlichen Tradition, die in das Märchen hineingebaut worden ist, der klagt und schreit und will am liebsten sterben. Was beide Hiobs dennoch verbindet: Sie halten daran fest, Gott allein verantwortlich zu machen. 📖 Hiob 3

Kreuzung G: Gottes Reich und Menschenkirche

Paulus, die römischen Kaiser, Luther – sie alle prägen die Geschichte des Christentums und stellten Weichen, die den Weg der Kirche(n) in die Gegenwart bestimmten. Ohne Kenntnis wichtiger Stationen der Kirchengeschichte kann man Kirche und Christentum nicht verstehen. Ein Zeitstrahl hilft beim Veranschaulichen.

Paulus	Kaiser Konstantin
Die Apostelgeschichte erzählt aus der Außenperspektive von Paulus: Wie er aus einem Verfolger der ersten Christen zu ihrem glühendsten Verfechter wurde, wie er entdeckte, dass nicht nur die Juden auf die Gute Nachricht von Christi Auferstehung warteten, sondern vor allem die „Heiden", Anhänger griech.-römischer Kulte. Seine Persönlichkeit dagegen spiegelt sich in den Briefen, die er auf seinen Reisen an seine Gemeinden schrieb – bald streng, bald liebevoll, verzweifelt, euphorisch. Paulus war der erste christliche „Theologe".	Es ist nicht richtig, zu sagen, dass Kaiser Konstantin das Christentum zur Staatsreligion machte. Das geschah viel später unter Theodosius. Aber Konstantin erkannte, dass die Christen ein Machtfaktor waren, den ins Reich zu holen sinnvoller wäre, als ihn weiter zu bekämpfen. „In hoc signo vinces" – die Legende von der Schlacht im Zeichen des Kreuzes offenbart im übertragenen Sinn eine Wahrheit: Konstantin gewann dem röm. Reich starke Verbündete. Von da an begann aber auch der Machtkampf zwischen Kirche und Kaisertum.
Christenverfolgung	**Martin Luther**
Der Kaiser in Rom beanspruchte göttliche Verehrung. Für Römer und Griechen kein Problem: Ihr Götterhimmel war groß genug, als dass es auf einen mehr oder weniger angekommen wäre. Für Juden und Christen jedoch blasphemisch: Du sollst keine anderen Götter haben neben mir (1. Gebot). Gefährlich wurde es für Christen im Kaiserreich, wenn „Sündenböcke" gesucht wurden – da waren (wie stets in der Geschichte der Menschheit) die „dran", die sichtbar und befremdlich anders waren. (Trinken die Menschenblut?!) Man zog sich in die Katakomben zurück, in Roms „Unterwelt" – und erfand das Geheimzeichen des Fisches (ICHTYS).	Über Martin Luther fasst der entsprechende „Treffpunkt" das Nötige zusammen. Dass er auch ein Pädagoge war, zeigen nicht nur seine volksnahen Schriften und sein Bemühen um die Schulbildung der Kinder, sondern auch folgende „Sündenlehre": Genauso wie wir unsere Kinder nicht weniger lieben, nur weil sie ihre Windeln voll haben, will Gott an seiner Liebe zu seinen Kindern festhalten, auch wenn von Beginn an am Ende hinten nichts Duftendes herauskommt. Die Liebe der Eltern, die wie Liebe Gottes ist, bleibt unverdient und hält so manches aus. (Dirk Kutting über M. Luther, in: Lehrer sein, Göttingen, voraus. 2008)

Kreuzung H: Gottes Reich und unsere Welt

Im Zeitalter der Globalisierung ist zweierlei wichtig zu wissen: Das Christentum hat eine erstaunliche Kraft entwickelt und alle Grenzen überschritten. Und: Die Christen sind nicht allein auf der Welt. Auch andere Religionen beanspruchen Wahrheit, auch andere Weltanschauungen haben ihre Anhänger.

Brot für die Welt	Verteilung Weltreligionen
„Advent tu ich immer was in die Kollekte", sagte eine ältere Dame, die ab und zu zum Gottesdienst geht. „Die ist für Brot für die Welt – da weiß ich doch, was mit dem Geld geschieht. Da werden Brunnen gebaut. Schulen. Und wenn ein Unglück ausbricht, sind sie da."	„Wichtig ist eigentlich nicht", sagte eine Schülerin, „welche Religion die meisten Anhänger hat. Wichtig ist, dass sie sich vertragen. Es gibt eine Menge zu tun auf der Welt – Umweltkatastrophen, Kriege, Gerechtigkeit und so – nur wenn sie alle mitmachen, kriegen wir das in den Griff."
Kirchentag	**Diakonie – stark für andere**
„Eigentlich sing ich nicht gern – und öffentlich schon gar nicht. Aber neulich, beim Kirchentag, da haben wir in der U-Bahn alle zusammen gegrölt: Herr, deine Liebe … Man, das war geil. Also, ich mein, das ging echt zu Herzen." (Patrick, 28)	Das Leitbild der Diakonie: „Wir orientieren unser Handeln an der Bibel. Wir achten die Würde jedes Menschen. Wir leisten Hilfe und verschaffen Gehör. Wir sind aus einer lebendigen Tradition innovativ. Wir sind eine Dienstgemeinschaft von Frauen und Männern im Haupt- und Ehrenamt. Wir sind dort, wo uns die Menschen brauchen. Wir sind Kirche. Wir setzen uns ein für das Leben in der Einen Welt."

Die STOPPs

Das Comenius-Institut weist in seiner Programmschrift zum Religionsunterricht in der Sekundarstufe I (s. o., S. 9) zwölf religiöse Kompetenzen aus, die Schülerinnen und Schüler am Ende der 10. Klasse erreicht haben sollen.

1. Die persönliche Glaubensüberzeugung bzw. das eigene Selbst- und Weltverständnis wahrnehmen, zum Ausdruck bringen und gegenüber anderen begründet vertreten.

2. Religiöse Deutungsoptionen für Widerfahrnisse des Lebens wahrnehmen, verstehen und ihre Plausibilität prüfen.

3. Entscheidungssituationen der eigenen Lebensführung als religiös relevant erkennen und mithilfe religiöser Argumente bearbeiten.

4. Grundformen religiöser Sprache (z.B. Mythos, Gleichnis, Symbol, Bekenntnis, Gebet, Gebärden, Dogma, Weisung) kennen, unterscheiden und deuten.

5. Über das Christentum evangelischer Prägung (theologische Leitmotive sowie Schlüsselszenen der Geschichte) Auskunft geben.

6. Grundformen religiöser Praxis (z.B. Feste, Feiern, Rituale, Diakonie) beschreiben, probeweise gestalten und ihren Gebrauch reflektieren.

7. Kriterienbewusst lebensförderliche und lebensfeindliche Formen von Religion unterscheiden.

8. Sich mit anderen religiösen Überzeugungen begründet auseinandersetzen und mit Angehörigen anderer Konfessionen bzw. Religionen respektvoll kommunizieren und kooperieren.

9. Zweifel und Kritik an Religionen sowie Indifferenz artikulieren und ihre Berechtigung prüfen.

10. Den religiösen Hintergrund gesellschaftlicher Traditionen und Strukturen (z.B. von Toleranz, des Sozialstaates, der Unterscheidung Werktag/Sonntag) erkennen und darstellen.

11. Religiöse Grundideen (z.B. Menschenwürde, Nächstenliebe, Gerechtigkeit) erläutern und als Grundwerte in gesellschaftlichen Konflikten zur Geltung bringen.

12. Religiöse Motive und Elemente in der Kultur (z.B. Literatur, Bilder, Musik, Werbung, Filme, Sport) identifizieren, ideologiekritisch reflektieren und ihre Bedeutung erklären.

Die STOPPs stellen zu jeder dieser Kompetenzen eine konkrete Frage – lebenswelt- und erfahrungsorientiert und auf je ein Drittel des Schülerbuch-Stoffs bezogen.

Wir und Jesus

Der Struktur des Schülerbuchs liegt eine Dreiteilung zugrunde: Mit „Wir und Jesus" geht es los, weil der offensichtlichste religiöse Bezug über die kirchlichen Feste herzustellen ist – und die wiederum haften an Jesus. Wenn der Bogen von Advent bis Pfingsten gespannt ist, ist es Zeit, anzuhalten und einzuhaken: Was hat mir das jetzt gebracht, Jesus kennenzulernen? Kann ich meine Feste nun als seine Feste feiern? Habe ich religiöse Kompetenz gewonnen, die mir vorher fehlte – wenn ja, wie kann ich (mir) über sie Rechenschaft geben, mit ihr umgehen, sie nutzbar machen?

Zwölf Aufgaben (Schülerbuch, S. 92) sollten an dieser Stelle lösbar sein und zeigen, inwieweit der Stoff der ersten 9 Schritte die religiöse Auskunftsfähigkeit und Gestaltungsfähigkeit erweitert hat. Hier lesen Sie in Auszügen, was Testschüler/innen antworteten; die Beiträge sind von unterschiedlicher Qualität, geben aber Aufschluss darüber, was zu erwarten wäre:

1. ... was dieses Fest bedeutet (aus einem Dialog, den Mirko aufgeschrieben hat)

M.: Also, Weihnachten ist ja mehr als Tannenbaum und Lebkuchen. – Th.: Klar, Mann: Geschenke. – M.: Nee, das mein ich nicht. – Th. (grinst): Dann wohl die Rute vom Nikolaus, wie? – M.: Ja. – Th.: Wie, ja? – M.: Naja, dass wir die nicht mehr fürchten müssen. Mit Jesus ist Gottes Liebe auf die Welt gekommen. Und wir müssen uns nicht mehr fürchten. – So ungefähr.

2. Mit Jesus fahre ich besser

Es ist leichter zu sagen, was das nicht bedeutet. Es bedeutet nicht, dass Jesus mir den Lenker hält. Aber dass er Gas gibt und bremst und so. Dann schon eher, dass, wenn der Affe vor mir tausend Fehler macht, ich mich nicht ärgere und fluche und wild werde, sondern vielleicht denke: Na, der kann's halt nicht besser. Und dann mach ich auf geduldig. Und Jesus, ich weiß nicht, der hätte das auch so gemacht. (Natalie)

3. Sonntags arbeiten

Meine Tante, die arbeitet sonntags nicht, weil in der Bibel steht: Du sollst den Sonntag heiligen. Du kannst doch auch mittwochs beten statt sonntags, hat mein Vater gesagt. Gott sieht das nicht so eng. Wärst doch blöd, das Geld in den Wind zu schreiben. Meine Tante hat gesagt, dass sie auch nicht glaubt, dass Gott das so eng sieht. Aber dass Gott das Gebot schließlich gar nicht für sich, sondern für uns erlassen hat. Und sie will eben nicht vor die Hunde gehen, bloß wegen ein paar Euro mehr. – Was ist denn so besonders an dem Sonntag?, hat mein Vater gefragt ... (Ela)

4. Holz auf Jesu Schulter

Das Holz ist das Kreuz. Es ist ein Zeichen für Tod und Qual. Stell dir bloß vor: gekreuzigt. Da gruselt es dich. Jesus hat es getragen und, glaub ich, selbst eingepflanzt. Dann hat er sich da dranhängen lassen, Hände und Füße durchbohrt, ekelig, alles voll Blut. Aber dann – weiß nicht. Ich stell mir das so vor. Das Blut hat was wachsen lassen. Wie die Blumen im Frühling. Leben, steht da. Weiß nicht. Vielleicht Hoffnung. (Jörn)

5. sky und heaven

Kann kein Englisch. Aber sky ist wohl irgendwie blau. Und heaven – den kannste nicht sehen. Der ist auch nicht oben. Der ist, wo Gott ist. Denk ich. (Jörn)

6. Ei

Ich nehm mal das Ei: weiß und rund, schon ein Wunder, so dünn die Schale und darin wächst es. Wächst ein Küken, ja, und im richtigen Augenblick kommt es raus. So ist das mit Jesus auch gewesen. Als seine Feinde schon lachten und dachten, sie haben ihn klein gekriegt, da hat er die Schale zerbrochen und hat gesagt: Da bin ich wieder. (Hanna)

7. Jesus um Verzeihung bitten

P.: Jesus? Wieso den denn? – M.: Jesus sieht alles, hört alles ... – P.: Hör bloß auf. Keiner hat das gehört. Und wenn ... – M.: Du fühlst dich hinterher besser. – P.: Wie hinterher?
M. Wenn du mit ihm gesprochen hast. – P.: Wie? Mit Jesus? Wie denn überhaupt? – M.: Jesus sieht alles, hört alles ... – P.: Mein Gott! Lass mich doch in Ruhe! (Mirko)

8. Islam

Der betet und fastet. Nach dem Fasten feiert er ein Fest. Er glaubt auch an Abraham und Jakob und Jesus. Aber anders. Ja, und an Gott, an Gott ganz doll – doller als wir, glaube ich. Weil: Du hörst es überall: Allah, Allah. Ach ja, und: Allah ist einer. (Angie)

9. Werbung

„Geiz ist geil" – Da kann ich mich echt drüber aufregen. Soll ich das dem Bettler vor dem Kaufhaus sagen? Wenn ich da mit ner prallen Tüte rauskomm und geb ihm nichts? Geiz ist geil. Ich glaube, Jesus hätte sich aufgeregt – so wie über die Händler im Tempel. Du musst auch mal was abgeben, hätte er gesagt. Und Geld macht nicht glücklich. (Mirjam)

10. Kerze im Advent

Hallo, Herr M., offenes Feuer im Unterricht ist ja eigentlich verboten. Aber wahrscheinlich meinen Sie es gut. Sie denken, wir stehen auf so ein Gefühls-Zeug. Ist aber eigentlich ganz schön peinlich. Denn wenn schon Kerze, dann sollten wir auch was singen. Aber singen will keiner von uns. Und Sie auch nicht. (Tom)

11. Todesstrafe

Du sollst nicht töten. So heißt das Gebot. Gilt das eigentlich auch für Fliegen und Spinnen? Du sollst nicht töten. Gilt das für den Kerl, der das Baby aus dem Fenster geschmissen hat? Er hätte das nicht machen dürfen. Darf der Richter ihn dafür töten? Ist das besser? Keine Ahnung. Aber wenn ich so das Gebot lese – überlassen wir es doch lieber Gott. (Sandra)

12. Tooor!

Da muss man schon ein Fan sein, um das zu kapieren. Neulich hat einer nach dem Tor den Rasen geküsst. Echt. Auf den Boden geschmissen und schmatz. Meine Mutter sagt, der Papst macht das auch. Wenn er irgendwo aus dem Flugzeug steigt. Schmatz. Ich mach das bei meinem Hund. Wenn ich mich freue. Ist das jetzt auch religiös? (Antonia)

Ich und Gott

Mit „Ich und Gott" beschäftigt sich der zweite Teil des Schülerbuchs. Wie im Jesus-Teil die Gemeinschaft und das allgemeine Feiern im Mittelpunkt standen, so steht hier der Einzelne vor Gott – Geschöpf und Kind. Die Spuren im Alltag: Taufe, Konfirmation, das persönliche Gebet und Gottesbild.

1. Glaube an Gott

Erst glaub ich mal an mich. Das ist wichtig. Wenn ich mich für einen totalen Loser halte, bin ich auch einer. Glauben heißt: sich was zutrauen. Oder einem anderen eben. Ob ich Gott was zutraue? Zumindest hab ich's noch nicht aufgegeben. Man hört ja viel Gutes von ihm. Wie er zu Abraham hält, zu Mose. Wär schön, er hält auch zu mir. (Ina)

2. Gottesdienst in Not

Die wollen wohl nicht allein sein. Und dann sind sie auch sprachlos. In der Kirche wird immer geredet. Das wissen sie. Da können sie einfach abspannen. Und all die Kerzen und so. Das tut vielleicht gut. An normalen Tagen brauchen sie das nicht so. Da wollen sie lieber ausschlafen. Das heißt ja nicht, dass sie nicht glauben, oder so. Oder? (Marie)

3. Vegetarisch

Ich hab keine Schwester. Aber da würd ich lachen. Kein Fleisch essen! Wo's doch stark macht und schmeckt. Wahrscheinlich tun ihr die armen Tiere leid. Wahrscheinlich meint sie, dass es verboten ist zu töten. Steht ja in der Bibel. Aber vieles ist verboten. Und wir machen, was wir wollen. Da könnte man ganz woanders anfangen. Zum Beispiel bei den Scheidungen. (Micha)

4. Bleib behütet

Segen ist das. Segen ist wie ein Hut. Den hast du auf dem Kopf und er hält die Sonne ab. Damit du keinen Stich kriegst. Und den Regen. Damit du keinen Schnupfen kriegst. Der Segen hält das Unglück ab. Bloß leider nicht die Fünfen in Mathe. (James)

5. Gott sei Dank

Das ist, wie wenn du rufst: Hol's der Teufel! Aber du würdest dumm gucken, wenn der dann wirklich käme. Gott sei Dank – glaubst du, der hört das? Wenn, dann wird's ihn freuen. Früher haben Christen immer mit Gott geredet. Heute sind sie eher still. (Ina)

6. Hut ab!

Wir hatten das doch, mit Mose: Der sollte die Schuhe ausziehen. Vor lauter Heiligkeit.
So kann das auch mit den Hüten sein. In der Kirche. Aber die Kirche ist nicht so heilig wie dieser brennende Busch bei Mose. Darum nur der Hut. Nicht die Schuhe. Wenn Muslime in die Moschee gehen, da ziehen sie aber die Schuhe aus. Und waschen sich vorher. (Lisa)

7. Gott mit uns

Es heißt ja, dass Gott einen begleitet und einem hilft und einen stark macht. Aber wenn nun Gott mit mir geht und auch mit meinem Feind. Kämpft Gott dann gegen sich selbst? Eigentlich ist Gott ja auch eigentlich nicht so fürs Kämpfen. Liebe deine Feinde, steht irgendwo. Also, auf den Waffen hat er nichts zu suchen. Finde ich. Da müsste er eigentlich dafür sorgen, dass die zu Schrott zerfallen. Steht das nicht auch irgendwo? (Lisa)

8. Das gelobte Land

Das Land, in dem Milch und Honig fließt, hat Mose das Land genannt. Die Israeliten haben ihm nicht immer geglaubt. Sie haben in der Wüste immer wieder gesagt: In Ägypten war es besser. Aber Mose war stur. Gott will euch dieses Land schenken. Ihr könnt doch nicht sagen: Wir wollen sein Geschenk nicht! – Heute sieht es in Israel anders aus. Jetzt wollen die Israelis das Land. (Adrian)

9. Sieben-Tage-Schöpfung

Ich habe mal gehört, dass die Zeit bei Gott viel länger ist. Also, wenn wir sagen 7 Tage, dann ist das bei Gott, sagen wir mal, 7 Millionen. Oder 700 Millionen. Was weiß ich. Da kann man gar nicht rechnen. Ist auch egal. Irgendwie war es halt Gott, der die Idee hatte, die Idee mit der Welt. „Wir wollen Menschen schaffen", sagte er, glaube ich. Mehr kann man nicht wissen. Wir waren ja schließlich nicht dabei. (Philip)

10. Arche Noah

Als die Menschen sehr böse waren, hatte Gott die Nase voll. Er schickte einen Riesenregen. Aber dann tat es ihm leid. Er rettete Noah und Noah rettete alle Tiere. Und auch ein paar Frauen. Und seine Söhne. Gott hat das Wasser wieder abfließen lassen, und als alles trocken war, sagte er: Das mach ich nie wieder. Ehrenwort. Und sein Ehrenwort hat er in die Wolken geschrieben, ganz bunt. Das ist der Regenbogen. – Heute sieht es aus, als ob alles den Bach runtergeht. Aber manchmal, nach dem Regen, siehst du immer noch Gottes Ehrenwort. (Sophie)

11. Menschenwürde

Da gibt es ein Lied: Du bist ein Gedanke Gottes. Oder so. Ja, bei der Taufe wird das gesungen. Und wenn das stimmt, dann ist das doch eine schlimme Beleidigung, wenn ich diesen Gedanken Gottes dann auslache oder schlage oder mit Füßen trete. Das ist dann seine Würde. Dass ich ihm nichts tun kann, ohne dass ich Gott verletze. (Sophie)

12. Er, der nicht genannt wird

Das stimmt ja nur halb. Harry Potter traut sich und Dumbledore auch. Die sagen Voldemort und das tut gar nicht weh. Weil sie keine Angst haben, denke ich. Wenn ich vor einem Achtung habe, dann bin ich auch mit seinem Namen lieber vorsichtig. Ich sage nicht so oft O Gott o Gott. Ich weiß nicht. Das nutzt sich sonst so ab. (Joschi)

Hier und bei Gott

Der dritte Teil des Schülerbuches richtet den Blick auf das soziale Umfeld. Ältere Schülerinnen und Schüler sind gesellschaftskritisch; Utopien und historische Entwicklungen stoßen auf Interesse. Die Institution Kirche kommt in den Blick, es gibt Rückblicke in die Kirchengeschichte und Ausblicke auf das Reich Gottes.

1. Gut und böse

Ich möchte so leben, dass ich so wenig wie möglich anderen wehtue. Das ist schwer. Ich glaube auch nicht, dass ich es schaffe. Aber man kann sich ja wenigstens bemühen. Die Lisa aus meiner Klasse ist ziemlich uncool. Keiner steht auf die. Aber ich gehe doch hin, wenn sie mich einlädt. Vielleicht könnte man sagen, das ist gut. Aber andererseits: Sie spendiert mir meistens 'nen Döner. (Erin)

2. Sterben – und dann?

Ich: Wie stellst du dir das vor: weg? – Paula: Wie Schlaf. Nur tiefer. – Ich: Träumen? Paula: Ohne träumen. Weg eben. – Ich: Findest du das gut? – Paula: Du nicht? – Ich: Ich weiß nicht. Unheimlich, glaube ich. Ich würde ja nicht mal merken, wenn ich friere. Mein Bruder, der klaut mir immer die Decke. Dann wache ich auf und es ist eiskalt. – Paula: Du wachst ja nicht auf. – Ich: Ich will aber zugedeckt sein. Wenn ich sterbe: Ich glaube, da ist jemand, der mich zudeckt. (Silja)

3. Konfer?

Konfirmation mit schwarzem Anzug und Blümchen und so ist natürlich lächerlich. Vielleicht kommen auch noch Tanten und Onkel angerückt, die man nie im Leben gesehen hat und die einen küssen wollen. Nee. Blöd ist auch, sich wegen der Knete konfirmieren zu lassen. Ich lass mich nicht erpressen. Und dann der Unterricht. Schule am Nachmittag. Kirche. Statt ausschlafen. Und die Eltern bleiben daheim. So ein Schmuh. Andererseits: Wenn Tobi so was auf sich nimmt, dann muss es ihm ernst sein. Dann steckt mehr dahinter. Und da muss ich ihm sagen: Sei stark, Mann. (Bernhard)

4. Gedenkminute

Ich würd's kurz halten. Keine Reden, kein Gesülze. Lasst die Zeichen sprechen. Ich würd ein Bild von ihm hinhängen. Dazu Kerzen aufstellen. Alle müssen stehen. Und still sein. Stille ist wichtig. Da kommt man auf Gedanken. Und dann beten. Und Segen, Segen gehört auf jeden Fall dazu. (Sascha)

5. Ein feste Burg

Warum Luther mutig war? Interessiert mich nicht. Aber die Sache mit den Teufeln ist gut. Denen ins Gesicht zu lachen. Komm doch, komm doch – und sie können nicht. Weil, ich hab nämlich einen Panzer: Mein Bruder hat den schwarzen Gürtel. Da sollen die's mal versuchen. Die werden sich wundern. Wenn mein Bruder nicht da ist ... Ich habe gehört, Gott ist auch so. Der hat wohl einen goldenen Gürtel. (Pitt)

6. Katrin

He, Katrin, Vereinsabzeichen gibt es nicht für Christen. Außer: das Kreuz. Das kannst du dir umhängen. Aber mach doch mal was anderes: Setz dich in den Park und spiel Gitarre. Und wenn einer kommt und dir Geld geben will, sagst du: Nein, danke, ich will kein Geld, ich will nur, dass Sie sich freuen. (Evelin)

7. Gute Taten

Also, Jesus ist ja nun echt nicht ohne Anspruch. Gute Taten will der schon. Aber dass du dich dafür lobst, das kann er nicht ab. Da ist es schon besser, abzuwiegeln. So toll war das nun auch wieder nicht ... Bescheidenheit ist eine Zier, sagt Oma. Ich glaube, Jesus würde das auch sagen. (Marek)

8. Prophet

Muslime sind beleidigt, wenn man das Wort „Prophet" in den Mund nimmt. Da denken sie gleich, es geht um Mohammed, und der ist ja heilig – nicht richtig heilig, er ist ja ein Mensch. Aber doch wichtig, weil er den Koran auf die Erde gebracht hat. Da darf man nicht drüber lachen. Und auch kein Spiel so nennen. (Sally)

9. Ernsthaft!

Mensch, Nina, hast du noch nie gehört, wie Afrikaner in ihren Gottesdiensten tanzen und klatschen und lachen? Sogar die Babys feiern mit. Das ist auch Religion und anscheinend macht das echt Spaß. Keine Ahnung, warum es bei uns in den Kirchen immer so steif zugeht. Da müsste man mal was ändern. Aber vorher müsste man natürlich erst mal kapieren, was da so läuft ... (Sandra)

10. Heimat und Herkunft

Josef war ja fremd in Ägypten. Aber Gott hielt zu ihm und er wurde der oberste Berater vom Pharao. Und das war gut so. Sonst hätte er Ägypten nicht retten können vor der Hungersnot. Ja, und dann Rut. Die war nicht aus Israel. Aber sie war trotzdem bereit, mit ihrer Schwiegermutter nach Israel zu gehen. Weil sie sie nicht allein lassen wollte. Das war gut von ihr. Man sieht, dass Fremde helfen können. (Paul)

11. Im Zweifel

Da fällt mir die Geschichte mit der Ehebrecherin ein. Alle wollten sie umbringen. Sie hatten sie ja auf frischer Tat ertappt. Aber Jesus hat nicht mitgemacht. Er hat sie gar nicht verteidigt. Aber er hat gefragt: Seid ihr denn besser? Da hatten sie Zweifel. Und da sind sie lieber nach Hause gegangen. (Cora)

12. Werbung

Was mich immer total nervt, das sind diese Versicherungs-Anzeigen. Da ist dann der Weg frei und das Baby tappt sicher durch die Wohnung. Die Familie lacht und die Sonne scheint. Ich bitte dich. Das macht doch keine Versicherung. Die kassiert nur. Und wenn du Glück hast, brauchst du sie nicht. (Effi)

RU praktisch sekundar

V&R

Mirjam Zimmermann (Hg.)
Religionsunterricht mit Jugendliteratur
Erarbeitet von Eva-Diana Hameister, Lisa Köhler, Alexandra Laible, Hannah Richter, Melanie Schallenmüller, Julia Schieber, Ann-Kathrin Schwantes, Nadine Zapf und Mirjam Zimmermann.
2006. 150 Seiten mit zahlr. Abb. und Kopiervorlagen, kartoniert
ISBN 978-3-525-61020-6

Wie liest man im Religionsunterricht Jugendliteratur? Der Band macht Vorschläge und präsentiert unmittelbar anwendbare Modelle für den Religionsunterricht mit Jugendliteratur in der gesamten Sekundarstufe I: Dabei sind die Lektüren so gewählt, dass sie preiswert verfügbar und lesbar sind (Umfang!), von anerkannter literarischer Qualität und inhaltlicher Relevanz. Sie treffen sich thematisch mit prominenten Lehrplanthemen: Schöpfung, Gemeinschaft, Tod und Trauer, Martin Luther, Gottesbild, Verantwortung.

Mit Unterrichtsentwürfen zu Jugendbüchern von u.a. Torun Liam, Charlotte Kerner, Klaus Kordon, Jutta Richter, Arnulf Zitelmann.

Ingrid Schoberth
Religionsunterricht mit Luthers Katechismus
Unter Mitarbeit von Raphaela Trötsch, Martin Brons, Nadine Lietzke, Ina Kowaltschuk. 2006. 142 Seiten mit zahlreichen Abbildungen und Kopiervorlagen, kartoniert
ISBN 978-3-525-61021-3

Der Kleine Katechismus Luthers wird als verbindlicher Kern eines diskursiven, entdeckenden und gestaltenden Unterrichts fruchtbar gemacht: Die zehn Unterrichtswege zu den großen Themen des RU sind ein kreatives Ringen um Verbindliches, das sich lohnt.

Manfred Karsch / Christian Rasch
Religionsunterricht mit Filmen
2007. ca. 160 Seiten mit Abb. und Kopiervorlagen, DIN A4, kartoniert
ISBN 978-3-525-61022-0

Unterricht mit Filmen ist spannend. Er hat das große Potenzial, wirklich guter Unterricht zu sein, denn er birgt die Chance Spaß zu machen. Allerdings: Im Klassenzimmer werden Filme nicht zum Zeitvertreib eingesetzt, sondern brauchen eine klare didaktische Struktur. Das Buch zeigt an Beispielen, wie filmische und christliche Weltdeutung miteinander in den Diskurs treten können: spannend, lehrplangerecht und kompetenzfördernd. Die Unterrichtseinheiten erschließen die Themen »Jesus«, »Mensch vor Gott«, »Schöpfung«, »Trauer und Tod«, »Martin Luther«.

Heike Vierling-Ihrig / Mirjam Zimmermann
Religionsunterricht mit Schulgottesdiensten
2007. Ca. 160 Seiten mit zahlreichen Abb. und Kopiervorlagen, DIN A4, kartoniert
ISBN 978-3-525-61024-4

Das Buch gibt Anregungen für die unterrichtliche Vorbereitung von Schulgottesdiensten, Andachten und liturgischen Elementen – handlungsorientiert und fächerübergreifend. Trainiert werden inhaltliche, liturgische, soziale und Ich-Kompetenzen; es geht darum, Formen zu finden und zu erfahren, wie sie wirken.
Der Band bietet Elemente und Vorbereitungstrainings für alle Klassen der Sekundarstufe – auch fächerübergreifend oder für Projektunterricht, dazu Angebote z.B. zum Schuljahrsende, zum Buß- und Bettag, anlässlich eines Trauerfalls oder einer Katastrophe.

Vandenhoeck & Ruprecht

Zum Weiterlesen empfohlen

V&R

Reiner Andreas Neuschäfer
Das brennt mir auf der Seele
Anregungen für eine seelsorgliche Schulkultur

2007. 96 Seiten mit 16 Abb., kartoniert
ISBN 978-3-525-61596-6

»Schüler ist nur mein Beruf«, sagt Tobi, »in echt bin ich viel mehr.« Lehrerinnen und Lehrer, die von sich selbst entsprechend denken, finden Impulse, um Menschen wie Tobi gerecht werden zu können. Das große Wort »Schulkultur« sperrt sich dem 45-Minuten-Rhythmus, das Berufsbild des Pädagogen auch. Wer die Schülerinnen und Schüler ernst nehmen, mit ihnen leben, ihnen Lebensperspektiven geben will, braucht nicht nur Zeit und Kraft. Er muss auch einen »Plan« haben: Was will ich, was kann ich – was kann ich mir zumuten? Die Probleme von Kindern und Jugendlichen zu kennen, sich Einblick zu verschaffen und Gesprächsanlässe und -verläufe zu überlegen, ist wichtig. Davor aber geht der Blick auf die eigene Motivation und Persönlichkeit: Wer kompetent unterstützen will, sollte die eigenen Antriebskräfte gut kennen. Das Buch ist Besinnungs- und Arbeitsmaterial, eine aufschlussreiche Entdeckungsreise, die alle bestärkt, die mehr sein wollen als nur »Pauker«.

Reiner Andreas Neuschäfer
Alles aus!?
Kopiervorlagen zum Thema Trauer, Trost und Hoffnung.
Sekundarstufe I

Mit Zeichnungen von Katrin Wolff.
Das brennt mir auf der Seele.
2007. 64 Seiten mit zahlr. Abb., DIN A4, kartoniert
ISBN 978-3-525-61600-0

Grenzen können lähmen; besonders, wenn man jung ist. Da ist es hilfreich aufzuzeigen, wie mit solchen Grenzerfahrungen produktiv umzugehen wäre. »Alles aus!?« stellt Materialien zur Verfügung, die das Gefühlschaos rund um Tod, Abschied und Trauer für Jugendliche behutsam aufschlüsseln – nachdenklich, offen, christlich fundiert. Weitere Hefte der Reihe »Das brennt mir auf der Seele« werden folgen; alle beschäftigen sich mit zentralen Problemen des Erwachsen-Werdens. Man kann sich allein, zu zweit oder in der Gruppe damit auseinander setzen; innerhalb oder außerhalb des Unterrichts – präventiv oder aus gegebenem Anlass.

Elisabeth Buck
Religion in Bewegung
Sekundarstufe I

2005. 228 Seiten mit zahlr. Abb. und Kopiervorlagen, kartoniert
ISBN 978-3-525-61583-6

Was fangen Religionslehrende an mit Schulbüchern, die voller langer Texte sind? Wo bleibt da der Kontakt zur Lebenswahrnehmung der Schülerinnen und Schüler? Wo bleiben Impulse, die sich nicht gleich wieder verflüchtigen, sondern hängen bleiben? Zugänge, die Spaß machen, anregen, den Stoff auf die Erde holen, ins Klassenzimmer, mitten unter uns? Die Schülerinnen und Schüler wollen probieren, erkunden, sich in eine Sache hineingeben – und an ihr reiben.
Das Konzept des Bewegten Religionsunterrichts von Elisabeth Buck zeigt den Weg: Im Spiel werden Personen, Handlungen, Haltungen anprobiert, ausgelotet, getestet. Ich erlaufe, erspüre, entdecke Religion. Ich halte fest, was mir selbst wichtig ist – in Kopf und Herz und durch eigene Gestaltungen. Das gilt für alle im Klassenzimmer. Wer sagt denn, dass die Großen mehr von Gott verstehen als ein Kind an der Schwelle zum Erwachsenwerden?

»Religion in Bewegung« leitet dazu an, die Schwerpunkte der Sekundarstufe I im Spiel und zugleich wahrhaft sinnig zu erschließen: Sich einfinden – Gott, wer bist du? – Gebote – Abraham – David – Jesus Christus – Fremde.

Vandenhoeck & Ruprecht